Dorothy Jane

»HAND MADE«

40 PROYECTOS DE COSTURA FÁCILES Y CREATIVOS

Por Sofia Vedoya

Sofia, Vedoya

   Dorothy Jane / Vedoya Sofia. - 1a ed. - Ciudad Autónoma de Buenos Aires : Boutique de Ideas, 2017.

   204 p. ; 26 x 22 cm.

   ISBN 978-987-4095-07-7

   1. Costura y Confección. 2. Manualidades. I. Título.

   CDD 646

© 2017, lectura colaborativa SRL

Lectura colaborativa SRL
Gral Urquiza 2037, CABA (1243) república Argentina
Editorial@lecturacolaborativa.com
www.lecturacolaborativa.com

Esta primera edición de 2000 ejemplares se terminó de imprimir en china en septiembre de 2017.

Impreso en china

Hecho el depósito que marca la ley 11723

índice

Mis comienzos p.06

Acerca de la autora p.09

Agradecimientos p.11

Introducción 13

Herramientas básicas de costura p.15 / Preparación de la tela p.25 / Costuras y terminaciones de costura p.29 / Aplicaciones, costuras y detalles decorativos p.33 / Cintas y lazos p.35

CAPÍTULO 1 ## Living room 40

Servilleta p.42 / Mantel p.44 / Individual p.46 / Apoyavaso p.50 / Apoyataza p.53
Perro doorstop p.54 / Almohadón rectangular p.58 / Almohadón cilíndrico p.62 / Fiaca p.66

CAPÍTULO 2 ## Cocina 70

Delantal p.72 / Gallina p.76 / Manopla p.80 / Repasador p.84

CAPÍTULO 3 ## Baño 86

Cortina p.88 / Gorra p.92 / Kit de make up p.96 / Juego de toallas p.100

CAPÍTULO 4 ## Sweet dreams 104

Pantalón pijama p.106 / Corazón de lavanda p.110 / Antifaz p.112 / Kit de lencería p.116 /
Porta accesorios p.120

CAPÍTULO 5 ## Oficina 124

Porta notebook p.126 / Cartuchera p.130 / Bolsón p.140 / Abotonado p.144

CAPÍTULO 6 ## Aire libre 148

Bolso matero p.150 / Sobre ruedas p.154 / Lona p.158

CAPÍTULO 7 ## Kids 162

El cubo p.164 / Mochila p.168 / Porta chupete p.172 / Porta babero p.174 / Bandana p.176 /
Pack & Play p.178 / ¡A jugar! p.182 / A bañarse p.186 / Acolchado p.188 / La bata p.192

Moldería 196

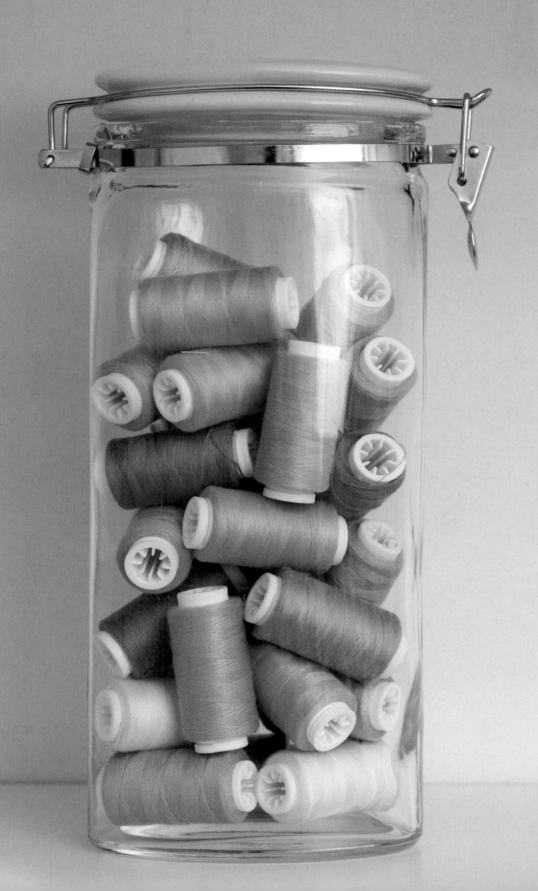

Mis comienzos

Mi pasión por la costura comenzó cuando tenía unos seis años, el día en que mamá me regaló mi primer máquina de coser, era de juguete, pero aunque no lo crean... ¡cosía!

Desde entonces viví rodeada de telas, hilos y botones. Fabricaba desde ropa para mis muñecas hasta carteras y billeteras de todos los tamaños y formas para regalar a algún familiar. Coleccionaba cordones, cintas, encajes y tenía fascinación por transformar prendas y darles un uso diferente. Podía pasarme tardes enteras creando todo tipo de cosas, la imaginación y mis ganas no tenían límites.

Hoy cada vez que comienzo un proyecto nuevo recuerdo aquellos momentos de mi infancia y me dispongo a volver a soñar, crear e imaginar. Me conecto con mi ser interior, con esa niña sin condicionamientos y así es como me arriesgo a combinar y crear lo que quiera.

En cada diseño dejo al descubierto una parte de mí, y la gratificación del trabajo terminado es inmensa.

Cuando comencé con la marca Dorothy Jane hace seis años, estaba embarazada de mi primer hijo Vicente y ya había trabajado cinco años en alta costura. De repente me encontré en un mundo nuevo que fue la maternidad, eso potenció mi imaginación al máximo y me arriesgué a explorar campos en los cuales nunca pensé que me iba a desarrollar.

Ahora siempre que puedo busco un tiempo para crearles algo *homemade* a mis hijos. ¡Y hasta armamos proyectos juntos! Es súper enriquecedor para ellos y para mí compartir momentos de creatividad lejos de los avances de la tecnología, celulares, tablets y consolas de juego etc..

Lo mejor es que siempre tenemos la libertad para trabajar con nuevos materiales, técnicas e ideas y al igual que en mi infancia podemos improvisar y experimentar juntos.

Acerca de la autora

Sofía Vedoya, autora de este libro y dueña de Dorothy Jane, es diseñadora de indumentaria y, desde muy pequeña, amante de la costura y las telas. Con apenas seis años aprendió a coser y desde entonces se dispuso a confeccionar todo tipo de proyectos, desde ropa para amigas y familiares hasta almohadones y productos para su hogar.

Al finalizar el colegio secundario, estudió en la Universidad de Buenos Aires y una vez recibida trabajó durante varios años en el rubro de la alta costura, junto a Benito Fernández. Todos esos años la ayudaron a desarrollar habilidades en el diseño y en la fabricación de productos con detalles y terminaciones realizadas íntegramente a mano, llegó así a confeccionar, por ejemplo, la pollera de un vestido tejido con cintas de organza para la Reina Máxima de Holanda.

Luego del nacimiento de su primer hijo decidió abrir su propio camino y creó una marca de productos de decoración llamada "Dorothy Jane".

Hoy en día cuenta con un showroom en Chile, Uruguay y otro en Argentina donde vive junto su marido Ezequiel y sus hijos Vicente y Salvador.

Agradecimientos

Este libro está dedicado...
A mis hijos que son mi constante inspiración y el pilar de mi vida.
A mi marido (y mi más exigente crítico), Ezequiel, por todo su apoyo y por impulsarme a luchar por mis metas y sueños.
A mis padres por alimentarme desde niña mi pasión por la costura y el diseño y, principalmente, por enseñarme a confiar en mi misma.
A Benito Fernández por compartir su talento y enseñarme tanto.
A mi hermana Josefina que me acompaña día a día. Por su dedicación e inagotable energía.
A mis amigas por entrar en mi vida y hacerme tan afortunada.
A mi GRAN familia por ser mi soporte y estar en cada momento.
A mis clientas que todos los días confían en mi y me dan la oportunidad de estar presente y dar vida a sus hogares.

Muchas gracias a todas las personas que contribuyeron en la realización de este libro. Sin ellos este proyecto no hubiese sido posible.
Me gustaría agradecer especialmente al equipo de *Boutique de Ideas* por asegurarse de que cada detalle de este libro quede increíble. Fue un placer trabajar con ustedes.
Gracias Felipe Viñals por tu entera confianza, gracias Lonny Rodríguez Fudickar por tu paciencia eterna, gracias Cecilia Kelly por sacar las fotos más lindas y gracias Yanina Nittolo por diseñar con tanta dedicación hasta el ultimo rincón de cada página.

Introducción

Si alguna vez tuviste la posibilidad de hacer algún proyecto con tus propias manos sabrás de la profunda satisfacción que se siente al realizarlo. Afortunadamente yo tengo la suerte de experimentar ese sentimiento todos los días. Me encanta crear con mis propias manos cosas que sé que serán únicas y, lo que es mejor todavía, poder compartirlas con mis amigos, familiares y clientes.

Espero que este libro te sirva de guía para poder crear ¡muchas cosas lindas! Me siento feliz de poder compartir mi amor por la costura con cada uno de los lectores.

Algunos de estos proyectos son de bajo nivel de dificultad y otros presentan un mayor desafío. Si sos nueva en el mundo de la costura te recomiendo leer "Técnicas Básicas" y "Herramientas básicas de Costura" antes de empezar.

A lo largo de este libro también encontrarás algunas explicaciones sobre patrones, máquinas de coser y de cómo elegir las telas correctas, combinaciones, cierres, accesorios, etc. Simplemente siguiendo las instrucciones paso a paso y utilizando tus habilidades podrás ver lo fácil y divertido que resulta confeccionar tus propios proyectos. Dejá que los patrones te inspiren y activen tu creatividad. Una vez que aprendas a coser ya no habrá límites y podrás disfrutar de la libertad de crear piezas que reflejen tu estilo personal. Un mundo mágico te espera en cada una de las páginas. Descubrí hasta dónde te pueden llevar y conocé el potencial que tiene cada rincón de tu hogar.

Espero que disfrutes de este libro tanto como yo disfruté hacerlo. Ahora sí...¡manos a la obra!

Herramientas básicas de costura

Antes de comenzar cualquier proyecto te recomiendo asegurarte de contar con un costurero básico que contenga las herramientas necesarias para un buen desempeño de las labores de costura.

Todos los avíos, géneros y accesorios de mercería que necesitarás para cada proyecto están incluidos en esta lista de "MATERIALES". Tomá nota.

Tijeras: Es importante que sean de buena calidad, de acero de alto grado y mantenerlas bien afiladas, ya que las hojas sin filo pueden arruinar la tela y demorar el proceso de corte. ¡No las utilices nunca para cortar papel! Hay distintos tipos de tijeras, cada una cumple una función diferente:

- Tijera pequeña o de bordar: Cuenta con hojas afiladas y con terminación en punta. Se usan para deshilachar, abrir costuras y ojales.
- Tijera de tamaño medio: Se puede usar para cortar patrones, cierres y todo tipo de materiales que no sean tela.
- Tijera de sastre con mango curvo: El ángulo de la hoja inferior permite que la tela quede plana mientras se corta y así lograr mayor precisión.
- Tijera de ondear o zigzag: Reduce el deshilachado de la tela.

Corta hilos: Se utilizan para corregir errores de costura, abrir costuras o deshacer la costura de un ojal.

Cortante rotativo: Se puede usar con hoja ondulada o recta y se consiguen en distintos tamaños. Se debe usar sobre una almohadilla de corte para proteger la hoja y la superficie de corte.

Almohadilla de corte: Cuadrícula para medir y cortar con precisión.

Alfileres

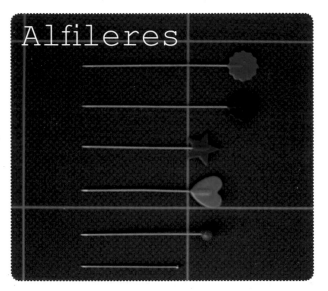

Existen alfileres de distintos grosores, medidas y materiales como el bronce, acero inoxidable y acero niquelado. Los más recomendables para llevar a cabo estos proyectos son los alfileres largos y finos con cabeza de plástico o cristal. Son fáciles de detectar en una tela estampada o con textura. Los clásicos alfileres metálicos de modista suelen perderse y corremos el riesgo de que queden sobre el material.

La mejor manera de mantenerlos en orden es guardarlos en una lata o cajita. Existen también porta alfileres imantados y esto evita que queden desparramados sobre la mesa de trabajo. También existen muñequeras para tenerlos accesibles en todo momento.

Uno de los beneficios de trabajar con alfileres con cabezal de distintos colores, es que uno puede usar cada color como un código que te indica cuál es el paso a seguir. Por ejemplo: Rojo significa "coser" y amarillo significa "parar".

Dedal y enhebrador

Dedal: Existen distintos tamaños y es recomendable usarlos para evitar pincharse los dedos con agujas y alfileres.

Enhebrador: Permite enhebrar fácil y rápidamente el hilo en la aguja.

Herramientas
para cortar

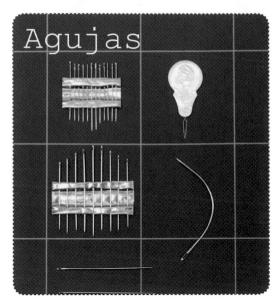

Agujas

Agujas para coser a mano: Las agujas varían de tamaño, largo y agudeza de la punta. En el momento de elegir con qué aguja trabajar hay que tener en cuenta el grosor, el peso de la tela y el hilo que se usará. Necesitarás mínimamente cuatro tipos diferentes de agujas:

AGUDAS: Son de largo medio, de ojo redondo para enhebrar el hilo y se adapta a todo tipo de tela. Sirven para hacer puntadas e hilvanar.

DE BORDAR: Son de largo mediano, con ojo grande para poder enhebrar el hilo de bordar. (En el libro no realicé trabajos de bordado, pero si querés podes bordar cualquiera de los proyectos).

CURVA: Vienen de varias medidas y se utilizan para trabajos donde no sirven las rectas.

GRUESA Y DESPUNTADA: Es útil para enhebrar cordones, elásticos y cintas.

Agujas para coser a maquina: Existen agujas de grosores diferentes y corresponden a distintos grosores de telas. Nosotras utilizaremos la aguja de punta redonda normal.

Utiles para medir y marcar

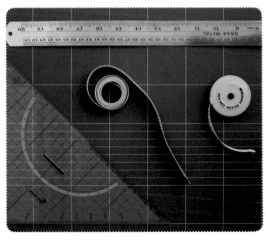

Escuadra: El ángulo recto sirve para encontrar la inclinación de la hebra de la tela.

Cinta métrica retractil: Nos permite obtener buenos resultados en la confección de los proyectos.

Regla recta: Se usa para controlar la dirección de la hebra y para marcar ruedos.

Lapiz de modista: Se puede encontrar en distintos colores y se utiliza para trazar líneas sobre las telas. El pincel del extremo posterior sirve para borrar.

Hilos

Se usan para coser a mano o a máquina y para costuras permanentes o temporarias (hilván). El material más común para el hilo de hilvanar es el algodón y para los hilos de coser son el poliester, algodón y nylon.

Hilo de hilvanar: Tiene que ser fácilmente rompible en el momento en que hayamos terminado de coser la prenda. Lo importante es que se pueda descocer con facilidad cuando se quieran retirar los puntos. Es recomendable utilizar un color que contraste con la tela para después localizarlo fácilmente.

Hilo de coser: Se usa para costuras a mano o a máquina. Al estar mercerizado tiene brillo y fuerza. El entramado del hilo está más apretado. Tiene que ser fuerte para que no se rompa la costura y se desarme el producto que estamos realizando. El color del hilo debe ser del mismo tono que la tela. Para coser a máquina recomiendo usar el mismo hilo en la parte superior como en la bobina inferior.

Máquinas de coser

Existe una amplia variedad de máquinas de coser, desde la que se opera en forma manual, hasta la programada por computadora y con pantalla LED. Para desarrollar los proyectos que incluyo en este libro, te recomiendo contar con una máquina que tenga las funciones necesarias para realizar costuras zigzag y recta.

Lo ideal es hacer un estudio detallado del manual de instrucciones antes de comenzar.

La tarea que realiza la máquina es la de unir un hilo por debajo del tejido y otro por arriba. Desde la bobina superior, el hilo pasa por el control de tensión y llega hasta la aguja. El hilo inferior se enrolla en el carretel situado debajo del plato de la aguja. Algunos carreteles son de plástico y otros de metal.

Para el buen mantenimiento de una máquina es necesario limpiarla frecuentemente para evitar que el polvo y las pelusas que dejan las telas y el hilo traben los mecanismos internos.

Partes de la máquina:

PORTA CARRETEL SUPERIOR: Está ubicado en la parte superior derecha de la máquina y su función es sostener la bobina del hilo.

GUÍA SUPERIOR DEL HILO: Permite transportar el hilo de la bobina (situada en el porta carretel) hasta la parte interior de la máquina.

DISCO DE CONTROL DE TENSIÓN SUPERIOR: Esta rueda controla la tensión del hilo superior. Una línea de puntadas debe tener la misma apariencia en ambos lados. Si no es así es por que hay un problema en la tensión del hilo. En este caso habrá que consultar el manual de instrucciones para regular la tensión del hilo hasta encontrar la tensión deseada.

AGUJA: Existen de distintos tamaños y cada una se emplea para diferentes tipos de tejidos. A diferencia de la aguja de coser a mano, la de máquina tiene un agujero en la punta.

Para trabajar estos proyectos necesitaremos una aguja "universal" o de tamaño medio. Conviene cambiar la aguja con frecuencia.

PIE PRENSATELAS: Existen muchos tipos de prensa telas y cada uno se emplea para diferentes tipos de puntos. Su función es ejercer presión sobre la tela sujetándola y así guiar la aguja con suavidad por la misma. Mi recomendación es utilizar el prensa telas básico y uno para cremalleras que hará la tarea más fácil a la hora de coser cerca de los ribetes o los dientes de una cremallera.

PLATO DE LA AGUJA: Generalmente es una placa metálica con un agujero por donde pasa la aguja para recoger el hilo inferior. Tiene marcas de líneas paralelas que sirven como guías a medida que se cose.

TRANSPORTADOR: Son un par de dientes ubicados debajo del plato de la aguja que se mueven con el objetivo de hacer avanzar la tela.

CAJA INFERIOR DE LA CANILLA: Contiene la lanzadera, el porta bobina y la bobina inferior. Está situada debajo del plato de la aguja.

La puntada se forma cuando el hilo superior emerge con la aguja por debajo del plato y es atrapada por el gancho del carretel. La lazada es llevada hacia atrás, alrededor y afuera del carretel y se une con la hebra de arriba formando la puntada.

PERILLA DE LONGITUD: Permite controlar el largo de cada puntada.

PERILLA DE ANCHURA: Sirve para regular el ancho de la puntada.

BOTON DE REVERSA DE LA PUNTADA: Se usa para revertir la dirección de las puntadas. Esto nos permite fijar la costura al principio y al final evitando que se descosa la misma.

PEDAL: Controla el movimiento de la correa de la máquina y también su velocidad. Esto permite que los hilos formen puntadas a la velocidad deseada. Cuanto más hondo se pise el pedal más rápido coserá.

Moldería

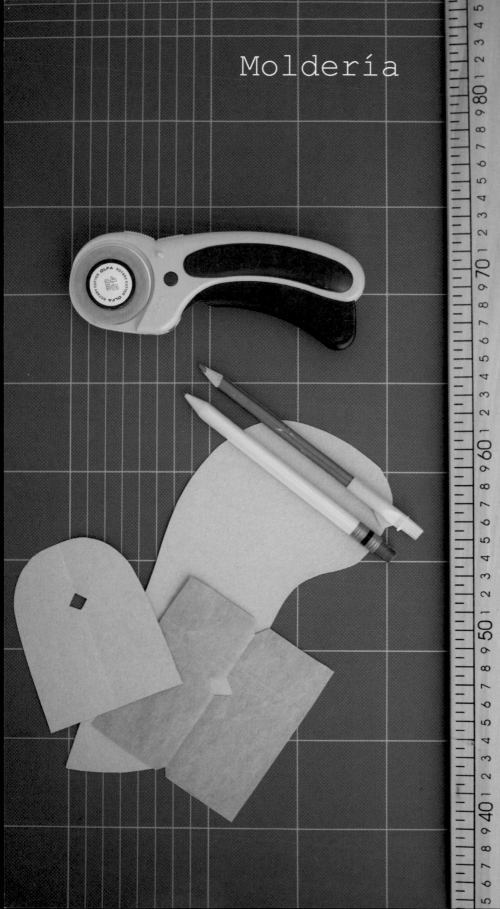

La moldería necesaria para realizar los proyectos la podrás encontrar en las últimas páginas de este libro. En cada proyecto se indica la proporción que hay que ampliar en la fotocopiadora para poder lograr el tamaño real que utilizaremos. Algunas de estas formas son únicas y no te costará reconocerlas.

La forma más rápida para confeccionar tus propios patrones en papel es desplegando la fotocopia (en tamaño real) y luego colocar encima una hoja de papel de seda sobre la forma que se haya elegido, uniéndola con cinta adhesiva. Marcar el contorno con un lápiz de punta fina y utilizar una regla para que las líneas queden rectas y prolijas.

En este punto se pueden agregar libremente detalles, cortes, dibujos o lo que quieras usando la moldería como referencia.

Dirección de la hebra:

Las flechas de dos puntas que señalan hacia arriba y hacia abajo indican la dirección de la hebra a lo largo de la tela (que va en paralelo de orillo a orillo). El biés va en forma diagonal por el tejido y le proporciona cierta caída y mayor flexibilidad (algunas piezas como los vivos, tienen que cortarse al biés para que sean mas flexibles y se puedan estirar).

Recomiendo conservar los moldes en sobres o folios con etiquetas así podrás reutilizarlos en el futuro.

Cierres

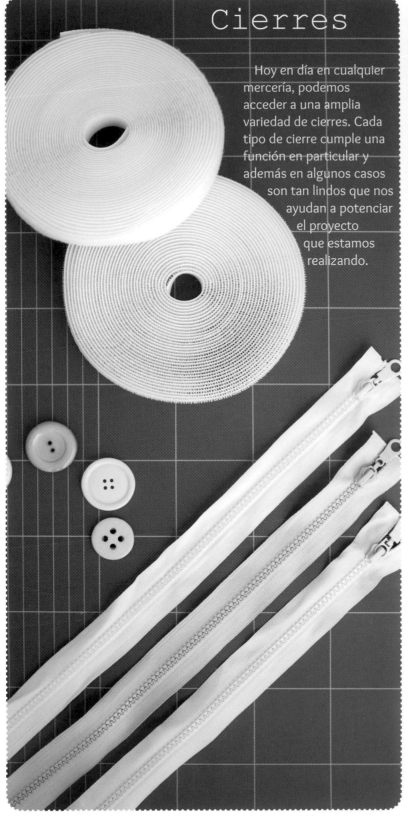

Hoy en día en cualquier mercería, podemos acceder a una amplia variedad de cierres. Cada tipo de cierre cumple una función en particular y además en algunos casos son tan lindos que nos ayudan a potenciar el proyecto que estamos realizando.

Botón clásico: Los que utilizaremos en este libro son botones chatos con orificios para coser. En el caso del bolso con botones cumplen solamente la función de adorno así que se cose sin presilla. Si es necesario pasarlo por un ojal sí o sí hay que coserlo con presilla.

Botón a presión: Existen distintos tamaños, diseños y calidades. Con ayuda de la máquina de inserción es muy sencillo colocarlos. Se pone en una tela el macho y sobre la segunda tela la hembra.

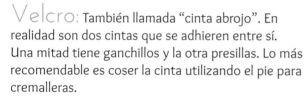

Velcro:
También llamada "cinta abrojo". En realidad son dos cintas que se adhieren entre sí. Una mitad tiene ganchillos y la otra presillas. Lo más recomendable es coser la cinta utilizando el pie para cremalleras.

Cremalleras:
Existen diferentes tipos de cremalleras que varían en su peso y tamaño. Algunas tienen dientes metálicos o plásticos y otras son de poliéster o nylon y se fabrican en una amplia variedad de colores. La forma mas rápida y fácil de coser una cremallera es utilizando un pie para cierres que tiene una sola pestaña en lugar de dos y también es más angosto que el pie convencional.

La técnica que recomiendo es la siguiente:

- Tomar el borde de dos piezas de tela y hacer un doblez de 2 cm en cada costado. Hilvanar los dos pliegues y unirlos. Colocar la cremallera cerrada del lado del revés de las dos telas y coserla a 6 mm del borde exterior de los dientes de la cremallera. Luego reforzar los bordes de las telas con costura zig zag para que no se deshilache. Generalmente, los pies de cierre pueden colocarse del lado derecho o izquierdo de la aguja. De esta manera no se engancha con los dientes y la costura quedará prolija y derecha.

Preparación de la tela

La amplia variedad de tejidos que existen hoy en día en el mercado es inmensa. Yo recomiendo usar telas de algodón ya que es un material muy duradero y se puede lavar repetidas veces. El algodón es una de las telas más tradicionales y populares. Es un material natural, suave y cómodo para manipular. Existe una extensa diversidad de tejidos de algodón. Varían mucho de peso y calidad, desde los más livianos de trama abierta y transparentes, hasta las telas más pesadas con pelusa como el terciopelo.

Si vas a utilizar distintos tipos de tejidos y el proyecto deberá lavarse en un futuro, asegurate antes de que las telas se puedan lavar juntas y que los colores no desteñirán.

Antes de comenzar un proyecto, es importantísimo primero lavar, secar y planchar el tejido. Es más fácil trabajar con telas lisas y limpias.

Además de la textura del tejido hay que tener en cuenta los colores y tipo de estampado de la tela con la que vamos a trabajar.

Cómo elegir estampados y colores

Cuando se hace algo para uno mismo no existe la buena o mala combinación, sino lo que a uno le gusta o no. No obstante, acá les comparto algunas recomendaciones :

• Hay una simple norma en cuanto a las proporciones de cada estampado que añadiremos a un proyecto. Se recomienda usar un 60% del estampado que más nos guste, un 30% del siguiente y un 10% del último que actuará como acento para añadir contraste.

• Repetir colores en distintos estampados creará un nexo de unión que nos permitirá elaborar combinaciones arriesgadas sin temor a equivocarnos.

• Tener en cuenta el tamaño del motivo que forma cada estampado. Si utilizamos un dibujo demasiado grande para un proyecto pequeño no se podrá apreciar el estampado en su totalidad.

• Una forma segura de arriesgarnos es combinando estampados que contrasten. Por ejemplo: rayas y flores, lunares y aviones o estrellas y princesas.

A la hora de combinar colores tengamos en cuenta la siguiente clasificación:

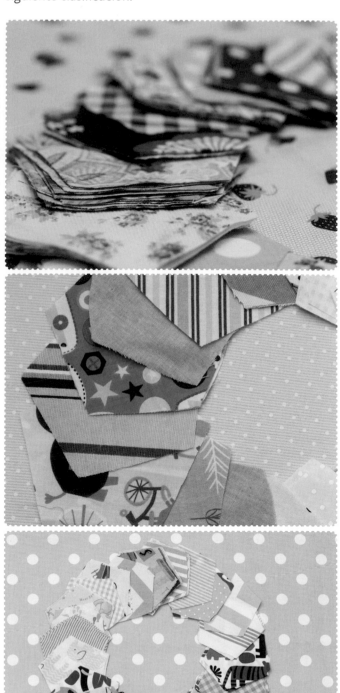

COLORES COMPLEMENTARIOS: Son aquellos que se encuentran opuestos en el círculo de color (por ejemplo: amarillo y violeta o naranja y azul). Usados juntos producen un gran contraste destacando mucho uno sobre otro. Su efecto suele ser llamativo.

COLORES ANÁLOGOS: Para un determinado color, sus colores análogos son aquellos que se encuentran a ambos lados del mismo en el círculo del color. Usados juntos producen sensación de armonía (por ejemplo: amarillo, naranja y rojo).

COLORES MONOCROMÁTICOS: Son aquellos que se encuentran aislados, sin presencia de otros colores. cuando los usamos juntos producen sensación de unidad, homogeneidad y robustez. Se puede evitar la monotonía utilizándolos con diferente luminosidad (más claros y más oscuros).

COLORES COMPLEMENTARIOS ADYACENTES: Para un color, sus complementarios adyacentes son los colores análogos de su color complementario (por ejemplo: los colores complementarios adyacentes del rojo serían el verde primavera y el azul cielo. El uso de un color y sus complementarios adyacentes aporta un alto nivel de contraste sin llegar al extremo cuando se usa directamente su complementario.

ACROMÁTICO MONOTONO: Está constituido sólo por colores neutros dentro de la gama del negro al blanco.

Con estos puntos de partida en mente ¡podrás desarrollar y personalizar los diseños básicos a tu antojo!

Entretela termoadesiva:
Es un tipo de entretela con una cara que se adhiere por calor. Si usas telas finas, podrás aplicar y planchar la entretela al revés del tejido para darle cuerpo y rigidez.

Es un relleno que resulta suave pero firme y es apto para algodones livianos.

El tipo de costura que utilizaremos para confeccionar cualquiera de los proyectos de este libro es el más utilizado y el más sencillo. Es la costura mas básica y fácil de usar.

Para el primer paso hay que poner juntos los bordes de la tela uniendo los derechos.

Sujetar con alfileres atravesados paralelamente para unir los bordes.

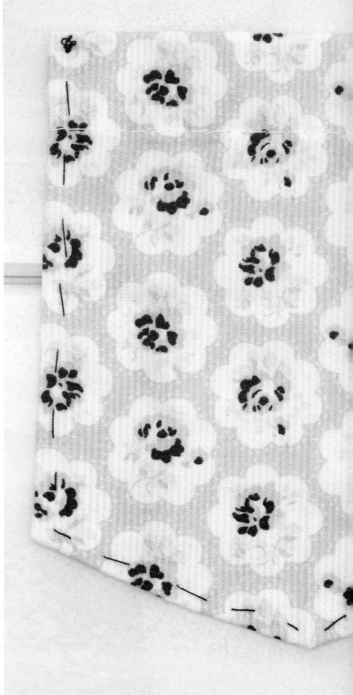

Hilvanar la costura cerca de la línea del borde. Al terminar, retirar los alfileres.

Costuras y
terminaciones
de costuras

Con la máquina de coser realizar una puntada en el borde en retroceso y luego coser hacia adelante guiando el tejido con ambas manos. Al llegar al otro borde hacer otras puntadas finales en retroceso para fijar la costura.

En el último paso retirar el hilván y planchar los márgenes abiertos o hacia un costado, según convenga. Si querés podés darle terminación a los bordes de la costura para evitar el deshilachado. Puede ser una costura en zig zag.

CÓMO COSER UNA PUNTA:

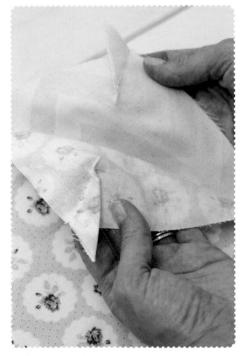

Utilizar la guía de costura para crear una costura bien precisa. A 5 cm de la punta, realizar una costura en 45 grados del lado del revés del tejido principal y de la tela del forro.

Unir los bordes enfrentando los derechos de las telas.

Realizar una costura a 3 mm del borde y cortar los dos picos que sobresalen.

COSTURAS CURVAS: En las curvas suaves coser lentamente guiando la tela con ambas manos haciéndola girar. En las curvas pronunciadas, detener la máquina de coser con frecuencia con la aguja baja, levantar el pie y girar la tela. Una vez terminada la costura recortar el margen a unos 5mm para que no quede abultada la tela. En las curvas exteriores recortar pequeñas muescas en el sobrante de la tela a unos 2mm de la costura.
En las curvas interiores cortar una serie de piquetes en forma perpendicular a la costura.

COSTURA DEL VIVO: Puede ser realizado con tela o con una cinta al biés que se puede conseguir en la mercería. Puede usarse plano o relleno con cordón.

En el caso de usarse plano lo único que se debe hacer es doblar la tira por la mitad a lo largo, planchar y coser con los lados reveses unidos. Ahora el entubado está listo para ser utilizado según querrámos.

En cambio, en el caso de usar un biés relleno, lo que debemos hacer es envolver la tira en torno al cordón con los reveses encarados. Hilvanar cerca del cordón dejando espacio suficiente para hacer dos hileras de costura (sobre todo si se la va a unir a una tela). Luego, quitar el hilván.

Trencilla picot: Es un galón con forma en zig zag. Se vende en varios tipos de anchos y se fabrica en algodón o poliéster. Se puede coser tanto a mano como a máquina y se usa para terminaciones o detalles decorativos.

Matelaseado: Esta técnica acentúa la naturaleza del relleno que estemos utilizando y le da un estilo más sofisticado. Además ayuda a sujetar todo lo que está en el interior de la tela que lo cubre (quedará ajustado fuertemente y evitará el futuro desplazamiento del relleno). El matelaseado permite lograr un producto más estable y duradero. Consiste sencillamente en unir una capa de guata entre el tejido principal y la tela del fondo o forro y luego coser en forma de rombos. Para lograr que quede prolijo y derecho deberás usar una regla transparente y una escuadra. Marcar con lápiz y luego coser sobre las líneas.

Ribete de pompones: Recomiendo utilizar de algodón. Lo mejor es comprar blanco y teñirlo del color que uno desee. Existe una amplia variedad de colores de anilinas en el mercado. La función que cumple es solamente decorativa.

Encaje: Es una banda de algodón bordado, calado, con terminación de un lado o de ambos. Se puede usar fruncido o recto.

Bieses: Aportan un acabado prolijo y sofisticado. Se pueden conseguir en una gran variedad de colores y estampados en las mercerías.

Aplicaciones, costuras y detalles decorativos

A lo largo de estas páginas encontrarás proyectos simples y otros que requieren de mayor destreza. Generalmente siempre trato de agregarle a mis creaciones algún detalle decorativo para darle más personalidad. Si contás con retazos o piezas sueltas de telas podrás realzar cualquier proyecto agregando una aplicación. Podrás hacer la forma o dibujo que más te guste y crear dibujos con costuras también.

Cinta mochilera:

Es un tejido firme y resistente que sirve para diferentes usos y se fabrican en algodón y en poliéster. Yo recomiendo usar de algodón. El material es más agradable a la vista y los colores son más sutiles. También vienen en distintos grosores de 2 a 8 cm.

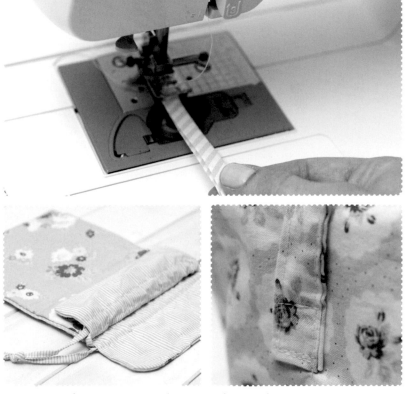

Cómo hacer un lazo de tela:

Cortar la tela del doble del ancho que se desea (más 3 cm para el margen de costura). Luego doblar el margen de costura hacia adentro, plegar nuevamente la tela a la mitad y sujetarlo con alfileres. Hilvanar, planchar y coser a máquina.

Costura de refuerzo:

Cuando terminamos una manija es mejor hacerle una costura de refuerzo para que no se descosa con el uso. Esto se logra cosiendo a máquina un cuadrado con líneas diagonales entre las esquinas.

Cordón:

Los cordones se fabrican de algodón y de poliéster y vienen en distintos grosores. Yo recomiendo usar el de algodón.

Lazo de tela con costura interna:

Es un tubo confeccionado de tela al biés. Se logra uniendo los frentes de una tira de tela a la mitad y cosiéndolos a 3 mm del pliegue. Luego sujetar a un extremo del tubo el hilo de una aguja de tapicería y pasar la aguja con cuidado por el tubo del ribete para que la tela vaya saliendo de a poco hacia afuera.

Cintas
y lazos

¿Quién dijo que lo funcional no puede ser a la vez lindo? Los lazos y las cintas se pueden usar tanto para fines decorativos como prácticos. Hay una gran variedad de cintas que se pueden comprar en la mercería o también es posible crear lazos a partir de una pieza de tela, plegando y cosiendo la misma.

SHOWROOM

Toda mente creativa necesita de un espacio de trabajo.
A veces no es fácil conseguirlo y más difícil aún es
mantenerlo ordenado, pero desde mi punto de vista, en
el mismo desorden ¡surgen las mejores ideas!
Como primer medida es esencial tener todas las
herramientas de trabajo a mano a la hora de crear y
diseñar. Se necesita para eso una mesa donde poder
exponer los materiales y cortar los tejidos. Un espacio
para la máquina de coser y cajones o estantes donde
ubicar avíos como: cintas, botones, cierres, etc.
A su vez, es importante contar con buena luz, natural
o artificial, y es indispensable disponer de una silla
confortable para coser y que se pueda regular a la
altura necesaria para trabajar cómoda.
El Showroom de Dorothy Jane es mi segundo hogar,
donde creo y me dejo llevar por la imaginación. Cuando
estoy ahí simplemente soy feliz, es el momento de mayor
conexión que tengo conmigo misma y con mi cuerpo.
Cada movimiento, cada puntada, cada proyecto se
transforma en una extensión de mi ser.
Es por eso que te invito a visitarme cuando quieras y
conocer todos estos objetos que comparto en este
libro ¡y muchísimos más!

f DorothyJaneBuenosAires

⊙ @dorothyjanebsas

ⓟ dorothyjaneba

info@dorothyjanebuenosaires.com

PROYECTOS

Esta es la sección del libro donde podrás poner manos a la obra y demostrar todas tus habilidades. Los proyectos que verás a continuación incluyen instrucciones paso a paso de cómo debes llevarlos a cabo y así crear todo tipo de productos para vos, para tu hogar y para quien más lo desees. Descubrirás lo fácil y divertido que puede resultar y comprobarás que tu imaginación no tiene limites y que podés ser una verdadera artista.

Un regalo hecho con tus propias manos será mucho más valioso para quien lo reciba porque estará pensado, diseñado y realizado exclusivamente para esa persona. Esto, para mí es, sin dudas, una verdadera expresión de amor.

Utilizá las técnicas aprendidas al comienzo del libro y adaptalas para darle a tus proyectos tu propio toque creativo. No busques la perfección, a veces son las imperfecciones las que hacen que tu proyecto se convierta en original y único.

Animate a ser creativa y principalmente disfrutá del proceso.

¡Te aseguro que te sorprenderás de tus habilidades y de los resultados obtenidos! Adelante...

CAPITULO 1:
Living
room

Dale vida a tu living
y sumá colores alegres
y estampados divertidos
que reflejen tu estilo ¡y te
ayuden a crear el hogar
que siempre soñaste!

Servilleta

Este proyecto es fácil de hacer e ideal para principiantes. Las técnicas utilizadas son muy sencillas y te permitirán crear diseños variados y originales. Es una manera simple y divertida de alegrar tu mesa. Si te animas podes agregarle apliques o cualquier avío que sea de tu agrado.

> NIVEL DE DIFICULTAD: 🔘

> TÉCNICAS REQUERIDAS:
  Costura a máquina.

> TAMAÑO: 55 x 35 cm.

Materiales necesarios:

- Algodón de estampado floral:
55 x 35 cm. (La muestra está realizada sobre un rectángulo que mide 35 x 55 cm, pero se pueden emplear otras medidas y formas).
- Bies rosa: 205 cm.
- Tijera, hilo y alfileres.
- Máquina de coser.
- Plancha.

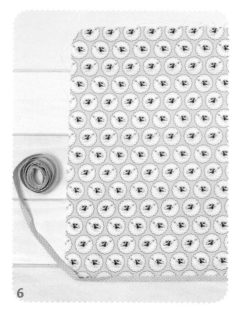

1· Realizar un molde de papel para el rectángulo de 35 x 55 cm.

2· Trazar el contorno utilizando las herramientas para medir y el lápiz de modista para marcar la tela. Luego cortar sobre el tejido una pieza y con la ayuda de la tijera redondear las cuatro esquinas.

3· Para aplicar con facilidad el bies recomiendo primero hacer un doblez en la mitad y plancharlo.

4· Empezando por el centro de un lateral, sujetar con alfileres la cinta al bies alrededor de uno de los bordes de la tela y coser a máquina con una puntada recta mediana.

5· Dar forma al bies para que se adapte a las curvas en cada una de las esquinas.

6· Hacer lo mismo con todo el borde de la tela hasta encontrar nuevamente el principio. Recortar el extremo del biés en un ángulo recto, dejando un solapado de 2 cm.

7· Superponer las dos puntas del bies y realizar una costura de refuerzo (con el botón de reversa de la máquina).

TIPS: LAVAR, SECAR Y PLANCHAR LA TELA ANTES DE COMENZAR.

Mantel

Este proyecto es tan lindo y fácil ¡que vale la pena hacer más de uno!
Podes tener una docena de manteles distintos y utilizarlos según la ocasión con sólo cambiar de estampado y el ribete decorativo.

> NIVEL DE DIFICULTAD:

> TÉCNICAS REQUERIDAS:
  Costura a máquina.

> TAMAÑO: 150 x 250 cm.

Materiales necesarios:

- Algodón de estampado floral:
  154 x 254 cm.
- Ribete de pompones: 8 mts.
- Tijeras, hilo, alfileres.
- Máquina de coser.

1. Realizar un dobladillo doble de 1 cm a todo el borde exterior del rectángulo del mantel.

2. Superponer el ribete de pompones sobre el borde del derecho de la tela del mantel y sujetarlo con alfileres.

3. Realizar una costura a máquina a los cuatro bordes del mantel con una puntada recta mediana.

4. Una vez que se encuentren el principio y el final del ribete de pompones, reforzar la costura con el botón en reversa de la maquina de coser.

TIPS: LAVAR, SECAR
Y PLANCHAR LA TELA
ANTES DE COMENZAR.

Individual

Este es un proyecto que no te llevará mucho tiempo ni esfuerzo ¡es ideal para principiantes! Además es una manera súper linda y original de agasajar a tus invitados y darle estilo propio a tu mesa.

Tené en cuenta elegir los estampados que mejor combinen con tu cristalería y vajilla.

> NIVEL DE DIFICULTAD: ⊞

> TÉCNICAS REQUERIDAS:
  Costura a máquina.
  Costura a mano.

> TAMAÑO: 37 x 48 cm.

Materiales necesarios:

- Algodón de estampado floral con fondo blanco: 32 x 39 cm.
- Algodón de estampado floral con fondo rosa: 22 x 39 cm (son dos rectángulos de 11 x 39 cm).
- Algodón rayado rosa y blanco: 39 x 50 cm.
- Relleno de algodón: 37 x 48 cm (para dar cuerpo).
- Hilo, aguja, alfileres y tijera.
- Máquina de coser.
- Plancha.

1· Realizar un patrón de papel para cada pieza. Con la ayuda del lápiz de modista y una regla, trazar la moldería sobre los distintos tejidos según corresponda. Luego recortar cada pieza.

2· Comenzaremos con el frente del individual: con los derechos enfrentados, unir el borde izquierdo de la pieza central al borde de uno de los laterales y sujetarlos con alfileres. Realizar una costura a máquina con puntada mediana, reforzando la costura al principio y al final. Repetir este paso para incorporar el otro lateral del frente del individual. Planchar las costuras abiertas y realizar un pespunte a máquina sobre la unión de los dos estampados.

3· Sujetar con alfileres el relleno de algodón del lado del revés de la tela rayada (dejando un espacio de 5 mm de margen hasta el borde). Hilvanar todo el contorno. Sujetar con alfileres el frente del individual a la espalda, enfrentando los derechos de las telas y hacer una costura a máquina alrededor de todo el contorno dejando 15 cm sin costura sobre el centro del borde de abajo.

TIPS: LAVAR, SECAR
Y PLANCHAR
LA TELA ANTES
DE COMENZAR.

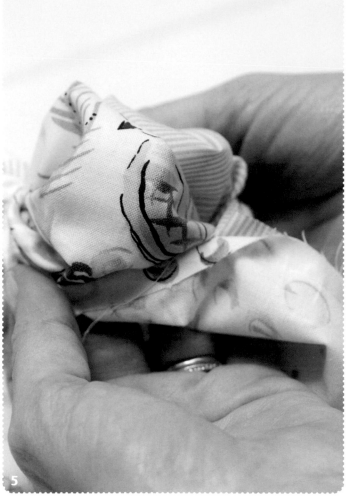

4· Recortar el exceso de tela en cada esquina para que no quede abultada una vez que quede el margen de costura del lado interno del individual.

5· Dar vuelta la tela del lado del derecho a través del hueco de 15 cm.

6· Cerrar la abertura con puntada invisible con costura a mano.

7

7· En este paso recomiendo realizar una costura a máquina con puntada recta a 3 mm del borde. Le da una terminación más prolija.

Dorothy Jane™

Apoya vaso

No sólo protegerán la superficie de tu mesa sino que alegrarán cada comida. Con la amplia variedad de colores y texturas disponibles hoy en día en el mercado, podrás combinar a tu antojo y encontrar mil maneras de darle personalidad a cada evento.

> NIVEL DE DIFICULTAD:

> TÉCNICAS REQUERIDAS:
  Costura a máquina.
  Costura a mano.

> TAMAÑO: 13 x13 cm. (La muestra es de 13 x 13 cm, pero se pueden emplear otras medidas y formas)

Materiales necesarios:

- Algodón estampado: 15 x 30 cm.
- Relleno de algodón: 15 x15 cm.
- Bies: 60 cm.
- Hilo, aguja, tijera, alfileres.
- Máquina de coser.
- Plancha.

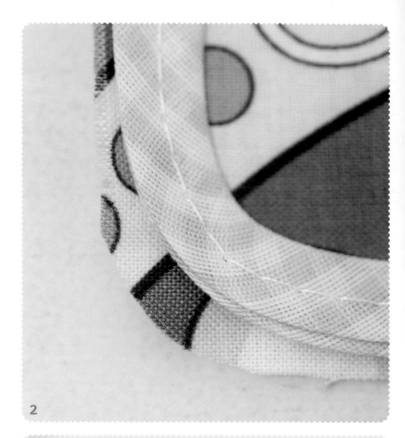

1. Comenzar cortando dos cuadrados de la tela estampada de algodón, siempre 1 cm más grande que el relleno (que irá en el interior de las dos caras del apoya vaso).

2. Para aplicar con facilidad el biés, recomiendo primero hacer un doblez en la mitad y plancharlo. Luego, empezando por el centro de un lateral, sujetar con alfileres la cinta al biés alrededor de uno de los bordes de la tela (del lado del derecho) y coser a máquina con una puntada recta mediana.

3. Dar forma al bies para que se adapte a las curvas en cada una de las cuatro esquinas

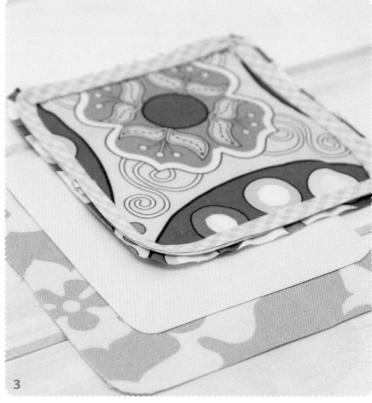

TIPS: LAVAR, SECAR
Y PLANCHAR
LA TELA ANTES
DE COMENZAR.

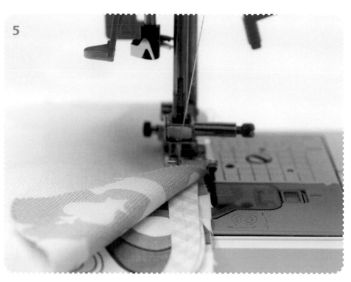

4. Sujetar el relleno con alfileres del lado derecho de la tela. Hilvanar.

5. Luego sujetar la tapa posterior con los derechos enfrentados de tal manera que quede la tela de algodón de relleno entre medio de los dos frentes de las telas estampadas. Coser a máquina con puntada recta mediana las tres capas de tela dejando un espacio sin costura de 5 cm en el centro de uno de los bordes. Recortar los excesos de tela y dar vuelta.

6. Una vez del lado del derecho, cerrar con costura invisible a mano los 5 cm de abertura que había quedado anteriormente. Realizar una puntada recta mediana con la máquina de coser a 3 mm del borde.

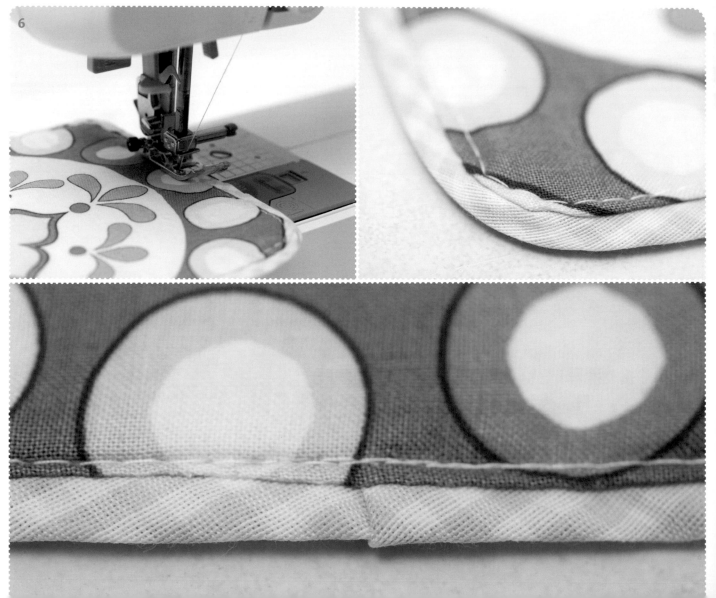

La hora del té

Es el mismo procedimiento que el apoya vaso pero reemplazamos el bies por la trencilla picot.

> NIVEL DE DIFICULTAD:

> TÉCNICAS REQUERIDAS:
Costura a máquina.
Costura a mano.

> TAMAÑO: 13 x13 cm.

Materiales necesarios:

- Algodón estampado: 15 x 30 cm.
- Relleno de algodón: 15 x 15 cm.
- Trencilla picot: 60 cm.
- Hilo, aguja, tijera, alfileres.
- Máquina de coser.
- Plancha.

Perro doorstop

¡Un regalo perfecto! No solamente le dará color y estilo al hogar, sino que también ¡es muy funcional! En invierno impedirá que entre el frío por debajo de la puerta y en verano (como su relleno es una bolsa de arena) también se puede utilizar para trabar la puerta y que no se cierre por el viento.

> NIVEL DE DIFICULTAD: ⊕ ⊕ ⊕

> TÉCNICAS REQUERIDAS:
  Costura a máquina.
  Costura a mano.

> TAMAÑO: 86 x 15 cm.

Materiales necesarios:

- Algodón de estampado floral: 50 x 150 cm.
- Vellón siliconado (relleno).
- Fliselina: 20 x 50 cm (relleno).
- Cremallera: 50 cm.
- Arena: 3 tazas de té (relleno).
- Fliselina (para la bolsa de arena): 22 x 50 cm.
- Aguja, tijera, alfileres, hilo.
- Máquina de coser.
- Plancha.

1. Recortar cuatro piezas de orejas, un cuerpo, dos colas y dos piezas laterales y una central de la cabeza. (Utilizando la moldería que se encuentra al final del libro)

2. Sujetar con alfileres las piezas de las orejas y cola, derecho contra derecho. Coser a máquina a 1 centímetro del borde con una puntada mediana. Volver la tela del lado del derecho y rellenar la cola con vellón siliconado sin apretar demasiado

3. Realizar el mismo procedimiento con las piezas de la cabeza uniendo las dos orejas.

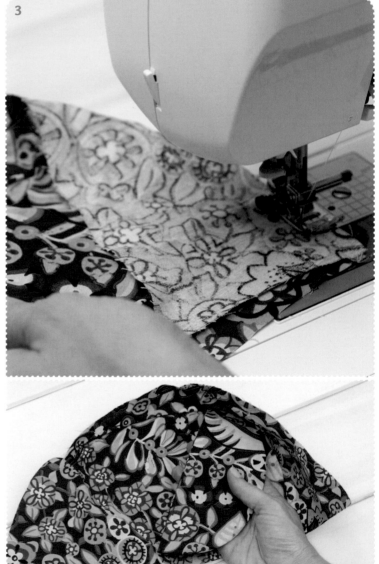

TIPS: LAVAR, SECAR Y
PLANCHAR LA TELA ANTES
DE COMENZAR.

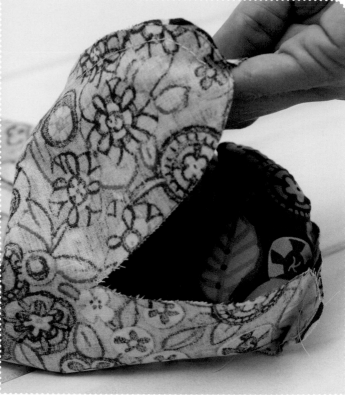

4. Unir cabeza, cuerpo y cola con puntada recta mediana a máquina. Doblar el cuerpo a la mitad y en la unión de los bordes poner alfileres en cada extremo con la cremallera cerrada y los pliegues mirando hacia adentro.

57

5. Abrir la cremallera e hilvanar una cara con un costado de ella de modo que los dientes queden por debajo del extremo superior. Repetir del otro lado y cerrarla. Utilizando un pie de cremallera coserla a máquina a unos 3 mm por debajo de la línea de costura, desde el lado del derecho. Reforzar cada extremo.

6. Dar vuelta la tela del lado del derecho e insertar el vellón siliconado en la cabeza, patas y cuerpo.

7. Cortar un rectángulo de fliselina de 22 x 50 cm. Doblar al medio y realizar una costura a 1 cm del borde dejando una extremidad abierta. Volver la fliselina del lado del derecho e insertar la arena por el hueco lateral (cerrar este ultimo con puntada a mano). Para terminar, introducir la bolsa de arena y cerrar la cremallera.

Almohadón rectangular

Para sumar estilo a una silla, para el sillón, la cama o algún rincón especial de tu hogar… según el tamaño y estampado del almohadón que confecciones podrás darle un uso diferente ¡y con sello propio!

> NIVEL DE DIFICULTAD: ⊕ ⊕

> TÉCNICAS REQUERIDAS:
  Costura a máquina.

> TAMAÑO: 50 x 24 cm.

Materiales necesarios:

- Algodón estampado con mariposas (centro delantero): 32 x 26 cm.
- Algodón de estampado floral (laterales y espalda): 76 x 26 cm.
- Ribete con pompones: 52 cm.
- Cremallera: 45 cm.
- Vellón siliconado (relleno).
- Entretela: 52 x 52 cm (relleno).
- Máquina de coser.
- Plancha.
- Aguja, alfileres, hilos y tijera.

4

1. Cortar un molde de papel que mida 10 x 24 cm, más 2 cm de costura y otro de 30 x 24 cm, más 2 cm de costura.

2. Luego, realizar el molde de la parte trasera del almohadón que deberá ser de 50 x 24 cm, más 2 cm de costura.

3. Recortar todas las piezas. Necesitarás una pieza de la tela de mariposas de 30 x 24 cm, dos piezas de la tela de estampado floral de 10 x 24 cm y una pieza de 50 x 24 cm.

4. Cortar el ribete de pompones a la mitad para obtener dos tiras de 26 cm. Sujetar con alfileres cada una de ellas a los laterales de la parte central frontal (del lado del derecho). Coser a máquina con puntada recta mediana. Con ambas caras del derecho, coser los laterales frontales a los bordes largos de la parte central frontal. Luego planchar las costuras abiertas. Hacer pespunte a máquina sobre el derecho de la tela.

TIPS: LAVAR, SECAR Y
PLANCHAR LA TELA ANTES
DE COMENZAR.

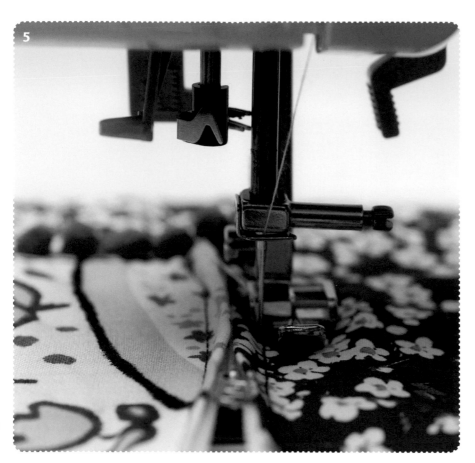

5. Prender con alfileres e hilvanar el borde inferior del frente del almohadón con un costado de la cremallera de modo que los dientes queden por debajo del extremo superior. Repetir del otro lado de la cremallera uniéndola con el borde inferior de la cara posterior del almohadón y cerrar la cremallera.

6. Coser a máquina la cremallera utilizando un pie de cremallera a unos 3 mm por debajo de la línea de costura. Realizar puntadas de refuerzo a máquina en cada extremo.

7. Con el derecho hacia arriba, extender sobre la mesa de trabajo la cara frontal y colocar encima el panel posterior con la cara del derecho mirando hacia abajo alineando los bordes. Sujetar con alfileres y coser a máquina los tres costados faltantes con costura recta.

8. Recortar con una tijera las puntas y volver la tela hacia el derecho. Planchar.

9. Realizar un relleno de almohadón con entretela y vellón siliconado de la misma medida que la funda.

Almohadón cilíndrico

Podes hacerlo del tamaño o profundidad que quieras, sólo debes cambiar las medidas del molde. Ideal para una casa con niños. ¡El cierre permite remover la funda para lavarla!

> NIVEL DE DIFICULTAD: ⊞ ⊞

> TÉCNICAS REQUERIDAS:
  Costura a máquina.
  Costura a mano.

> TAMAÑO: 50 cm de profundidad x 19 cm de diámetro.

Materiales necesarios:

- Algodón de estampado floral: 60 x 90 cm.
- Vellón siliconado (relleno).
- Fliselina (relleno): 60 x 52 cm.
- Cremallera: 54 cm.
- Máquina de coser.
- Plancha.
- Aguja, alfileres, hilo y tijera.

1. Realizar un molde de papel para el rectángulo de 58 x 50 cm (agregando 2 cm para la costura) y otro para el círculo de 19 cm de diámetro (más 2 cm de costura). Cortar sobre la tela de algodón estampado una pieza principal y dos circulares.

2. Planchar un doblez a 1 cm en cada lateral de la pieza principal. Con las caras del derecho enfrentadas, sujetar los laterales en las esquinas con alfileres. Coser con puntada recta a máquina aproximadamente 5 cm en cada extremo dejando un hueco de 50 cm entre medio de ellos (donde luego aplicaremos la cremallera). Sujetar con alfileres e hilvanar uno de los bordes del hueco a un costado de la cremallera de modo que los dientes queden por debajo del extremo superior. Repetir del otro lado y cerrar la cremallera.

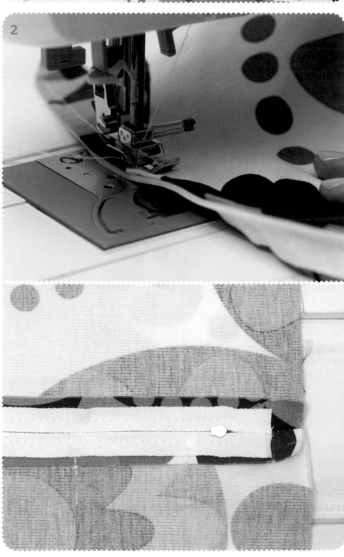

TIPS: LAVAR, SECAR Y PLANCHAR LA TELA ANTES DE COMENZAR.

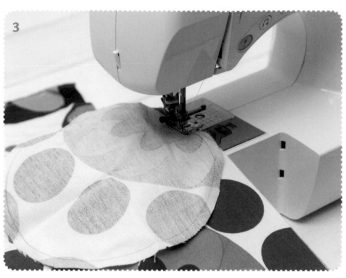

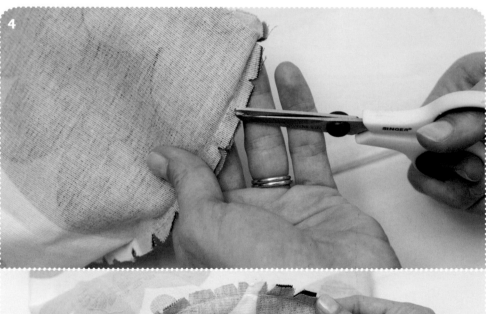

3. Sujetar con alfileres (con los derechos encarados) los círculos a cada extremo del cilindro. Hilvanar por la línea de costura y coser a máquina con puntada recta mediana.

4. Recortar pequeñas muescas alrededor de la unión de los círculos y en los extremos del tubo. Planchar las costuras y volver la funda del lado del derecho.

5. Con entretela y vellón siliconado realizar un relleno de almohadón de la misma medida que la funda.

6. Insertar el relleno de vellón siliconado por la abertura y cerrar la cremallera.

Fiaca

¿Para qué recortar telas nuevas? Aprovechá esos pequeños retazos que te sobraron de otros proyectos ¡para hacer un confortable puff!
Ideal para espacios pequeños, este proyecto te dará la oportunidad de combinar todos esos estampados que tanto te gustan.

> NIVEL DE DIFICULTAD: ⬤ ⬤ ⬤

> TÉCNICAS REQUERIDAS:
  Costura a máquina.
  Costura a mano.

> TAMAÑO: Circunferencia: 210 cm. Alto: 21 cm.

Materiales necesarios:

• 14 rectángulos de distintas telas de algodón estampado de 17 x 27 cm.
• Algodón estampado naranja de búlgaros: 2 círculos de 26 cm de diámetro.
• Algodón de estampado floral (abajo): 150 x 54 cm.
• Algodón rayado (fuelle): 150 x 46 cm.
• Cremallera: 200 cm.
• Cinta bies: 225 cm.
• Cordón: 225 cm.
• Ribete de pompones: 225 cm.
• Fliselina (relleno).
• Vellón siliconado (relleno).
• Hilo, aguja, alfileres y tijera.
• Máquina de coser.
• Plancha.

1. Realizar un molde en papel de 15 x 25 cm más 2 cm para la costura. Otro molde circular de 24 cm de diámetro más 2 cm de costura. Un molde rectangular de 210 x 21 cm más 2 cm de costura y otro de 210 x 25 cm más 2 cm de costura.

5

2. Seleccionar las telas que quieras usar y recortar:
• catorce piezas de distintos estampados con el molde rectangular pequeño que mide 15 x 25 cm.
• dos piezas con el molde circular en la tela naranja de búlgaros.
• una pieza con el molde rectangular que mide 210 x 21 cm en la tela rayada.
• una pieza con el molde rectangular que mide 210 x 25 cm en la tela floreada.

3. Unir por los laterales más largos las catorce piezas de tela de 15 x 25 cm para lograr la parte de arriba del puff. Comenzar sujetando con alfileres las dos primeras piezas, derecho contra derecho. Coser a máquina con puntada recta mediana a 5 mm del borde de arriba hacia abajo. Tratar de que la costura quede lo más recta posible.

4. Repetir lo mismo con las doce piezas restantes hasta que tengas todas unidas y te quede una sola pieza superior formada por catorce franjas. Planchar todas las costuras.

5. Una vez finalizado el paso anterior, sujetar el ribete de pompones con alfileres a uno de los bordes de la pieza superior. Coser a máquina con puntada recta mediana.

TIPS: LAVAR, SECAR Y PLANCHAR LA TELA ANTES DE COMENZAR.

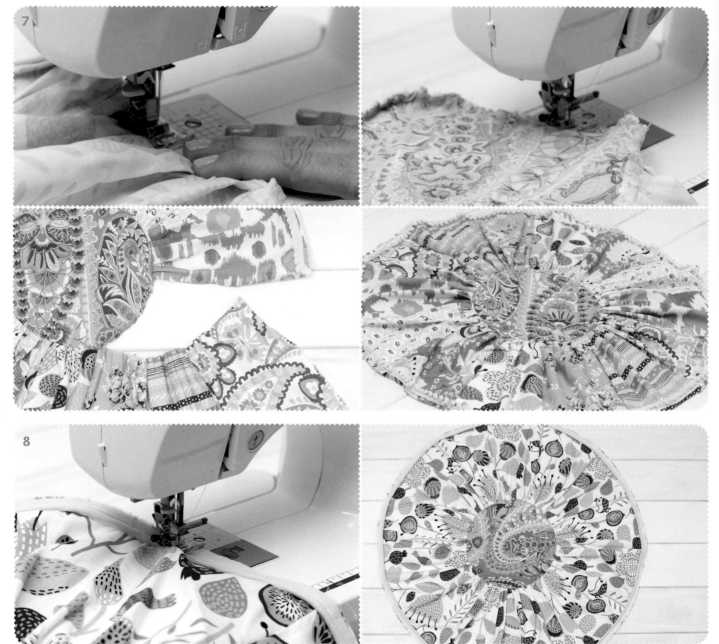

6. Sobre el otro borde de la pieza superior realizar unas puntadas muy largas a mano para fruncir la tela. Dejar suficiente hilo de ambos lados para poder agarrarlo bien. Tirar de los extremos para obtener un fruncido uniforme (con cuidado para no romper el hilo) hasta que llegue a cubrir todo el borde de la tela del círculo superior al que lo uniremos posteriormente.

7. Planchar un doblez de 1 cm en el lateral fruncido y otro en el círculo superior. Con ambas caras del derecho unir ambos laterales con alfileres. Coser a máquina con puntada recta mediana.

8. Repetir el mismo procedimiento con las piezas de la parte inferior del puff (a diferencia de que no es necesario hacer el patch con las catorce piezas). Cubrir el cordón de poliéster con la cinta al bies, hilvanar cerca del cordón y sujetar con alfileres al derecho de la pieza lateral inferior. Coser a máquina con puntada recta mediana. Luego quitar el hilván.

9

10

9. Abrir la cremallera e hilvanar el borde de la pieza inferior con un costado de la misma de modo que los dientes queden por debajo del extremo superior. Repetir del otro lado (borde del fuelle) y cerrar la cremallera. Utilizando el pie de cremallera coserla a máquina a unos 3 mm por debajo de la línea de costura, desde el lado del derecho.

10. Reforzar cada extremo y coser también el resto de la unión que quedó abierta en los bordes. Con ambas caras del derecho sujetar con alfileres uniendo el borde de la pieza superior al borde del fuelle. Luego coser a máquina con puntada recta mediana.

11. Realizar un relleno de la misma medida que la funda con entretela y vellón siliconado. Volver la tela del lado del derecho e insertar el relleno.

11

CAPITULO 2:

Cocina

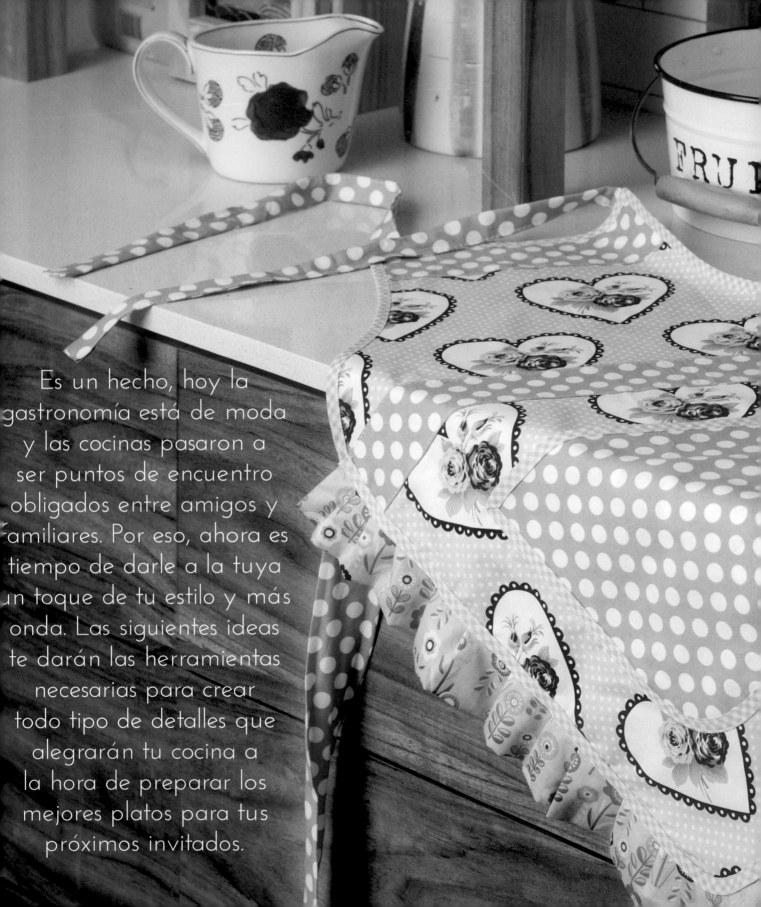

Es un hecho, hoy la gastronomía está de moda y las cocinas pasaron a ser puntos de encuentro obligados entre amigos y familiares. Por eso, ahora es tiempo de darle a la tuya un toque de tu estilo y más onda. Las siguientes ideas te darán las herramientas necesarias para crear todo tipo de detalles que alegrarán tu cocina a la hora de preparar los mejores platos para tus próximos invitados.

Delantal

Lo que más disfruto a la hora de diseñar es poder sumergirme dentro de los millones de retazos de tela que andan dando vueltas dentro de mis cajones y combinarlos entre sí para lograr diseños únicos y originales como este delantal. Disponer de tantos recortes ¡y nunca tirar ninguno! me permite combinar distintos estampados, colores y texturas.

> NIVEL DE DIFICULTAD:

> TÉCNICAS REQUERIDAS:
  Costura a máquina.

> TAMAÑO: 67 x 41 cm.

Materiales necesarios:

• Algodón estampado de corazones: 70 x 45 cm.
• Algodón estampado floral: 160 x 12 cm.
• Algodón estampado a lunares: 100 x 50 cm.
• Cinta bies: 300 cm.
• Alfileres, hilo y tijera.
• Máquina de coser.
• Plancha.

1• Realizar en papel un cuerpo y un bolsillo utilizando la moldería provista por el libro.

2• Realizar los siguientes moldes:
• pechera: 4 x 19 cm.
• volado pollera: 78 x 10 cm
• tiras cuello: 43 x 4 cm
• cintura: 39 x 5 cm
• lazos cintura: 63 x 10 cm

4

3• Utilizando las herramientas para medir y el lápiz de modista para marcar la tela, trazar el contorno y cortar sobre el tejido (teniendo en cuenta que debes agregar 1 cm de costura en cada borde):
• un cuerpo (algodón estampado de corazones)
• un bolsillo (algodón estampado a lunares)
• dos piezas para el volado (algodón estampado floral)
• dos piezas para el lazo del cuello (algodón estampado a lunares)
• una cintura (algodón estampado a lunares)
• dos lazos de la cintura (algodón estampado a lunares)

4• Una vez finalizado el paso anterior, lo que recomiendo es comenzar por lo más fácil que es el armado de los lazos. Extender los dos recortes de 45 x 6 cm con la cara del derecho de la tela hacia abajo. Luego, doblar el margen de costura hacia adentro (1 cm), plegar nuevamente la tela a la mitad y sujetarlo con alfileres. Hilvanar, planchar y coser a máquina con puntada recta mediana.

5• Para los lazos de la cintura tomar los dos recortes de 65 x 12 cm y plegarlos del lado del derecho de tela a la mitad y coser los laterales juntos a 3 mm del pliegue. Así obtendrás un tubo de tela.

TIPS: LAVAR, SECAR Y PLANCHAR LA TELA ANTES DE COMENZAR.

6· Sujetar a un extremo del tubo el hilo de una aguja de tapicería y hacer pasar la aguja con cuidado por el tubo para que la tela vaya saliendo de a poco hacia afuera. Luego planchar.

7· Unir lazos del cuello y cintura al cuerpo del delantal (lo mejor es hacerles una costura de refuerzo para que no se descosa con el uso).

8· Aplicar el bies a todo el contorno del bolsillo: (Antes de comenzar te recomiendo primero hacer un doblez en la mitad y plancharlo para facilitar la aplicación del mismo.)

9· Empezar por el centro de un lateral, sujetar con alfileres la cinta al bies alrededor de uno de los bordes de la tela y coser a máquina con una puntada recta mediana.

10· Hacer lo mismo con todo el borde de la tela hasta encontrar nuevamente el principio del bies. Recortar el extremo del bies en un ángulo recto, dejando un solapado de 2 cm. Superponer las dos puntas y realizar una costura de refuerzo. (¡Atención! Es importante darle forma al bies para que se adapte a las curvas y esquinas del bolsillo.) Una vez terminado ese paso, coserlo al cuerpo del delantal.

11· Para armar el volado primero hay que unir las dos piezas de 80 x 12 cm realizando a máquina una costura recta a 1 cm del borde (del lado del derecho de las telas). Luego, plegar la tela al medio con las caras del revés enfrentadas, sujetar con alfileres y planchar. Coser con puntada recta a máquina aproximadamente 5 mm del borde.

14

15

16

12· Colocar el volado sobre el borde inferior del cuerpo realizando pequeños pliegues para darle volumen al volado.

13· Colocar el bies sobre la costura para darle una terminación más prolija (previamente, doblarlo al medio y plancharlo).

14· Coser a máquina y con puntada recta mediana la pechera del lado del derecho de la tela sobre el borde superior de 21 cm.

15· Planchar un doblez a 1 cm sobre los cuatro bordes de la pieza de la cintura enfrentando la tela del lado del revés. Sujetar con alfileres sobre la cara del derecho de la pieza principal (cuerpo del delantal).

16· Coser con puntada recta a máquina aproximadamente 5 cm del borde. Aplicar el bies a todo el contorno de la parte de la cintura hacia arriba.

La gallina

Este proyecto no sólo es lindo sino que también ¡es súper funcional! Representa un mayor desafío y se necesita de mucha práctica y constancia para que quede prolijo ¡pero vale la pena!

Es ideal para guardar todas esas bolsas plásticas que andan dando vueltas y ocupando los cajones de tu cocina.

> NIVEL DE DIFICULTAD:

> TÉCNICAS REQUERIDAS:
  Costura a máquina.
  Costura a mano.

> TAMAÑO: 47 cm.

Materiales necesarios:

- Algodón de estampado floral: 58 x 25 cm
- Algodón estampado a lunares: 35 x 35 cm
- Vellón siliconado (relleno).
- Elástico: 20 cm
- Cinta de razo de 5 mm de ancho: 6 cm.
- Aguja, alfileres, hilo y tijera.
- Máquina de coser.
- Plancha.

1. Utilizando la moldería provista por el libro, recortar cuatro piezas de patas, cuatro piezas de alas, dos picos, dos copetes, dos papadas, un cuerpo delantero, un cuerpo trasero, un cuello trasero.

2. Sujetar con alfileres las piezas de las alas, patas, pico, cresta y papadas (derecho contra derecho). Coser a máquina a 5 mm del borde con una puntada mediana. Volver la tela del lado del derecho, rellenar todo con vellón siliconado sin apretar demasiado y cerrar las aberturas.

TIPS: LAVAR, SECAR Y PLANCHAR LA TELA ANTES DE COMENZAR.

Dorothy Jane™

4

5

6

3. Realizar un ruedo de 1 cm sobre el borde inferior de la pieza de la cabeza y otro sobre el borde superior del cuerpo trasero.

4. Unir las alas, el pico, la cresta y la papada a la pieza del cuerpo delantero con puntada recta mediana a máquina. Luego, superponer el otro lado de la cabeza, enfrentando los derechos de las telas, de tal manera que queden todas las piezas entre medio de las dos telas. Sujetar con alfileres y coser a máquina con puntada recta. Dar vuelta del lado del derecho. Rellenar y cerrar la abertura a máquina con costura recta.

5. Unir el cuerpo trasero sujetándolo con alfileres en cada lateral y coser a 1 cm del borde (enfrentando los derechos de las telas).

6. En el borde inferior del cuerpo hacer un pliegue de 1 cm y planchar. Luego, hacer otro pliegue a 1 cm. Sujetar con alfileres sobre el borde. En el lado interno del centro delantero colocar las dos patas y coser a máquina con puntada recta dejando un espacio de 2 cm para introducir luego el elástico.

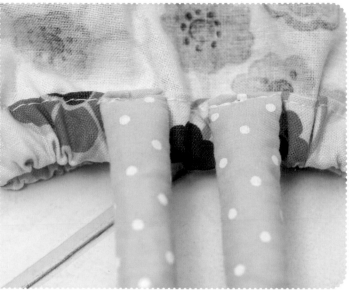

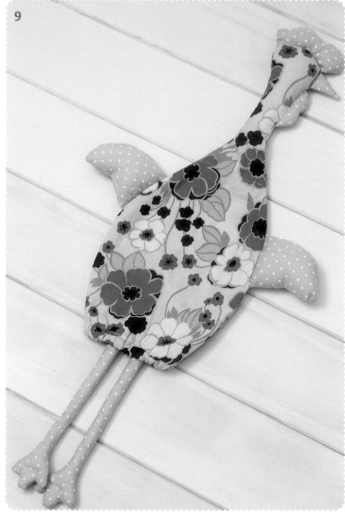

7. Sujetar el elástico con un alfiler de gancho y hacerlo pasar por la abertura, alrededor de todo el borde, tirando de él a medida que va avanzando. Hacer un nudo en los extremos e introducir el nudo para que quede oculto adentro. Realizar una costura a mano para cerrar la abertura de 2 cm.

8. Coser con puntada recta a máquina una cinta de 6 cm uniendo las dos patas de la gallina.

9. Dar vuelta del lado del derecho.

Manopla

Además de ser un proyecto que te acompañará todos los días, requiere de poco tiempo para realizarlo. Es ideal para poner en práctica de forma sencilla algunas de las técnicas que aparecen al principio del libro, como por ejemplo la aplicación del bies.

> NIVEL DE DIFICULTAD: ⬤

> TÉCNICAS REQUERIDAS:
  Costura a máquina.

> TAMAÑO: 75 x 18 cm.

Materiales necesarios:

- Algodón estampado: 54 x 75 cm.
- Guata (relleno): 54 x 18 cm.
- Bies: 250 cm.
- Aguja, hilo y tijera.
- Máquina de coser.
- Plancha.

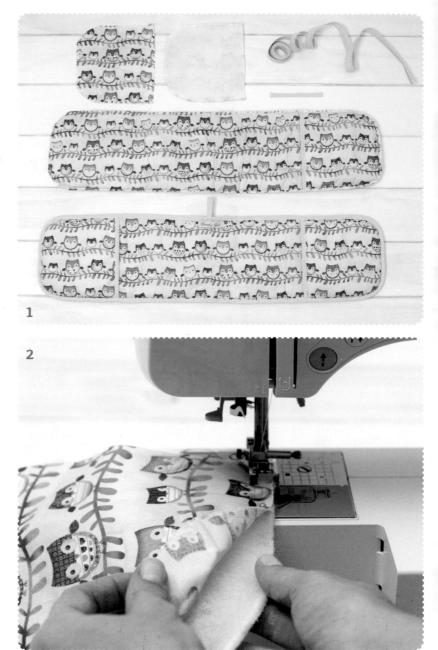

1

2

1. Realizar en papel dos moldes. Uno de 54 x 18 cm para la parte principal y otro más pequeño, de 18 x 18 cm, para los extremos de la manopla. Redondear las cuatro puntas del molde más grande y solamente dos puntas del molde más pequeño.
Medir y cortar en la tela de algodón dos piezas para los extremos de la manopla y dos piezas para la parte central. Con los mismo moldes cortar dos piezas en guata para los extremos y una para la parte principal de la manopla.

2. Sujetar con alfileres y coser a máquina con puntada recta a 3 mm del borde una de las piezas de los extremos a una pieza de guata de la misma medida. Una vez finalizado el paso anterior, superponer la tela y la guata a la otra tapa de tela de algodón y centrar. Con alfileres sujetar las piezas de tal manera que quede la guata entre medio del revés de cada tela. Coser a máquina con puntada recta.

TIPS: LAVAR, SECAR Y PLANCHAR LA
TELA ANTES DE COMENZAR.

3. Repetir el mismo procedimiento para el otro extremo de la manopla.

4. Cubrir la costura del borde con cinta bies. Para aplicarlo con facilidad primero hacer un doblez en la mitad y plancharlo.

5. Sujetar con alfileres y coser con puntada recta las piezas terminadas de cada extremo de la manopla a la pieza principal. Cubrir todo el borde de la manopla con el bies. Empezando por el centro de un lateral, sujetar con alfileres la cinta al bies alrededor de uno de los bordes de la tela y coser a máquina con una puntada recta mediana (es importante darle forma al bies para que se adapte a las curvas en cada una de las cuatro esquinas).

6. Hacer lo mismo con todo el borde de la tela hasta encontrar nuevamente el principio del bies. Recortar el extremo del bies en un ángulo recto, dejando un solapado de 2 cm.

7. Realizar un lazo de 10 cm con el bies y sujetarlo al centro de uno de los laterales con puntada de refuerzo.

7

Repasador

¿Estás con poco tiempo? Entonces este proyecto ¡es para vos! Es fácil y rápido de hacer ¡e ideal para principiantes!

> NIVEL DE DIFICULTAD:

> TÉCNICAS REQUERIDAS:
  Costura a máquina.

> TAMAÑO: 50 x 70 cm.

Materiales necesarios:

• Algodón de estampado floral: 54 x 74 cm (la muestra esta realizada sobre un rectángulo de tela de 54 x 74 cm pero podes emplear otras medidas y formas).
• Trencilla picot: 55 cm.
• Ribete de pompones: 55 cm.
• Cinta celeste de 5 mm de ancho: 15 cm.
• Alfileres, hilo y tijera.
• Máquina de coser.
• Plancha.

1. Realizar un patrón de 50 x 70 cm (más 2 cm de costura) y recortar una pieza sobre la tela seleccionada.

2. Extender sobre la mesa de trabajo la pieza de tela con la cara frontal hacia arriba. A 15 cm del borde inferior sujetar con alfileres el ribete de pompones. Una vez que corrobores que está prolijo y centrado unirlo con la máquina de coser con puntada recta mediana.

3. Realizar el mismo procedimiento con la trencilla picot a 10 cm del borde inferior.

4. Realizar un dobladillo doble de 1 cm, con la máquina de coser, a todo el borde exterior del rectángulo con puntada recta.

5. Reforzar el final de la costura y, en una esquina del lado del revés de la tela, colocar un lazo para colgar utilizando la cinta celeste de 15 cm.

TIPS: LAVAR, SECAR
Y PLANCHAR LA TELA
ANTES DE COMENZAR.

CAPITULO 3:
Baño

En este capítulo encontrarás proyectos de mayor y menor dificultad. Tomate la libertad de empezar por el que más te guste o con el que te sientas más cómoda. Poco a poco te vas a sorprender con lo rápido que crecen tus habilidades en la costura.

Cortina

Antes que nada debemos elegir los materiales que vamos a usar y pensar en cómo los vamos a combinar. Principalmente, tenemos que elegir los estampados que mejor se adapten al espacio donde luego usaremos la cortina. Este paso a paso también te servirá para hacer modelos para ventanas. Sólo tenes que tomar nuevas medidas y realizar las modificaciones pertinentes para cada espacio.

> NIVEL DE DIFICULTAD:

> TÉCNICAS REQUERIDAS:
  Costura a máquina.

> TAMAÑO: 180 x 146 cm.

Materiales necesarios:

• Algodón de estampado floral:
134 x 150 cm.
• Algodón de estampado rayado:
65 x 150 cm.
• Ribete de pompones: 155 cm.
• Cinta de plástico de 5 cm de ancho:
155 cm.
• 12 argollas metálicas.
• Máquina a presión para poner argollas metálicas.
• Alfileres, hilo y tijera.
• Máquina de coser.
• Plancha.

2

1. Para comenzar recortar la pieza central de 134 x 150 cm del estampado floral. Luego, recortar dos piezas del estampado rayado, una de 12 x 150 cm (pieza superior) y otra de 42 x 150 cm (pieza inferior).

2. Sujetar con alfileres y coser a máquina con puntada recta el ribete de pompones sobre el borde inferior del recorte de tela floreada. Con las caras del derecho enfrentadas, unir con alfileres el borde inferior de la pieza floreada con la pieza inferior rayada (coser con puntada recta mediana). Para un acabado más prolijo, hacer un ribete con la misma tela y cubrir la costura.

3. Sujetar (del lado del derecho) con alfileres la pieza superior rayada (de 12 x 150 cm) y coserla al borde superior de la pieza floreada.

4. A 1 cm realizar un pliegue y coser sobre el mismo doblez con puntada recta mediana.

5. Realizar un dobladillo doble de 1 cm a los dos laterales y al borde inferior de la cortina.

6. Una vez que ya tenemos todas las piezas unidas, planchar un doblez de 1 cm en el borde superior de la cortina.

TIPS: LAVAR, SECAR Y PLANCHAR LA TELA ANTES DE COMENZAR.

7· Luego, utilizando la cinta plástica que servirá de soporte para colocar las argollas en la parte superior de la cortina, realizar un doblez de 5 cm, sujetar con alfileres y coser a máquina con puntada recta mediana.

8· Hacer un pespunte con máquina de coser la unión por donde pasa el ribete de pompones para darle un acabado más prolijo.

9· Hacer ojales con la máquina a presión (si no contás con esta máquina podes hacer ojales con la máquina de coser).

Gorra

Me gusta estar conectada con las pequeñas cosas que forman parte de mi vida. Hacerles regalos personalizados a mis amigas y que cada objeto que haga trasmita el cariño y la pasión con la que fue confeccionado, es un gran mimo para mí. Este proyecto permite un poco de todo esto y no te llevará mucho tiempo ya que requiere de pocos materiales y pasos.

> NIVEL DE DIFICULTAD:

> TÉCNICAS REQUERIDAS:
  Costura a máquina.
  Costura a mano.

> TAMAÑO: 29 x 29 cm.

Materiales necesarios:

• Algodón plastificado con estampa: 60 x 60 cm.
• Algodón liso (forro): 60 x 60 cm.
• Encaje: 200 cm.
• Elástico: 100 cm.
• Máquina de coser.
• Aguja, alfileres, hilo, alfiler de gancho y tijera.

1· Cortar dos círculos de 48 cm de diámetro. Uno en el algodón plastificado y otro en la tela de algodón lisa. Sujetar con alfileres el encaje al borde de la tela plástica (del lado del derecho) y coserlo a máquina con puntada recta mediana por el contorno de la circunferencia.

2· Coser la tela del forro a máquina con puntada recta mediana sobre el contorno de la circunferencia enfrentando los derechos de las telas (queda el encaje entre medio de las dos). Dejar una abertura de 10 cm para dar vuelta todo después del lado del derecho.

TIPS: LAVAR, SECAR
Y PLANCHAR LA
TELA ANTES DE
COMENZAR
(menos el algodón
plastificado).

3· Dar vuelta el gorro del lado del derecho y realizar una costura a máquina a 2 cm del borde por todo el contorno de la circunferencia.

4· Sujetar el elástico con un alfiler de gancho y hacerlo pasar por la abertura, alrededor de toda la circunferencia, tirando de él a medida que va avanzando. Hacer un nudo en los extremos e introducir el nudo para que quede oculto.

5· Realizar una costura a mano para cerrar la abertura de 10 cm.

Kit de make up

Este bolso lo hice todo del mismo estampado pero, con las herramientas de corte y la experiencia adquirida hasta ahora, podés modificar la moldería, crear recortes, combinar distintos estampados ¡y hasta hacer un patch!

> NIVEL DE DIFICULTAD:

> TÉCNICAS REQUERIDAS:
  Costura a máquina.
  Costura a mano.

> TAMAÑO: 22 x 23 x 14 cm.

Materiales necesarios:

- Algodón de estampado floral: 45 x 55 cm.
- Plástico blanco: 30 x 45 cm.
- Cierre: 50 cm.
- Hilo, alfileres y tijera.
- Máquina de coser.
- Plancha.

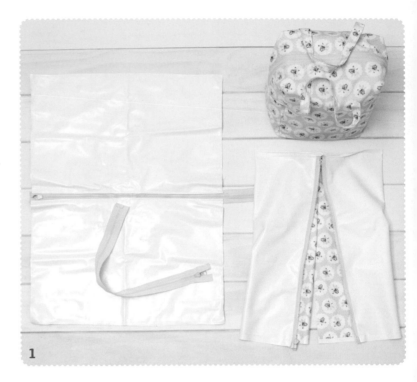

1

3

1· Cortar cuatro rectángulos de 30 x 45 cm. Dos en la tela plástica y otros dos en la tela de algodón. Sujetar con alfileres las piezas del forro al revés de las piezas de algodón estampado. Abrir la cremallera y sujetarla con alfileres sobre el borde más largo (del lado del derecho de la tela de algodón).

2· Coser a 5 mm del borde con puntada recta mediana. Realizar lo mismo del otro lado. Plegar la tela del lado del derecho y realizar un pespunte a máquina, cerca de las líneas de costura.

TIPS: LAVAR, SECAR Y PLANCHAR LA TELA ANTES DE COMENZAR.

3· Armado de las manijas: cortar la tela del doble del ancho que se desee (más 3 cm para el margen de costura). Doblar el margen de costura hacia adentro, plegar nuevamente la tela a la mitad y sujetarlo con alfileres. Hilvanar, planchar y coser a máquina. Una vez terminadas las manijas, lo mejor es sujetarlas a cada lado del bolso y hacerles una costura de refuerzo para que no se descosa con el uso (ésto se logra cosiendo a máquina un cuadrado con líneas diagonales entre las esquinas).

4· Con los derechos encarados, sujetar con alfileres y coser a máquina los laterales y el fondo con sus cuatro capas de tela y el forro plástico. Realizar dos pliegues en cada lateral del bolso y recortar el exceso de tela en cada esquina para que no quede abultada una vez que quede el margen de costura del lado interno del bolso. Para darle una terminación más prolija realizar con el mismo plástico un ribete para cubrir las costuras.

5· Dar vuelta la tela del lado del derecho.

Juego de toallas

Es un gran orgullo ser una misma la creadora de esos objetos de la vida cotidiana que nos dan confort. ¿Un plus? Este proyecto es ideal para principiantes, te llevará muy poco tiempo y requiere de poca experiencia. ¡Manos a la obra!.

> NIVEL DE DIFICULTAD: ⊕

> TÉCNICAS REQUERIDAS:
  Costura a máquina.

> TAMAÑO: medida del juego de toallas.

Materiales necesarios:

- Un juego de toallas.
- Algodón de estampado floral: 50 cm.
- Máquina de coser.
- Aguja, alfileres, hilo y tijera.

1· Comenzaremos por lo más fácil: realizar dos lazos de 12 cm con la tela estampada. Para esto cortar la tela del doble del ancho que se desea (más 3 cm para el margen de costura). Doblar el margen de costura hacia adentro, plegar nuevamente la tela a la mitad y sujetarlo con alfileres. Hilvanar, planchar y coser a máquina. Una vez finalizado el paso anterior, sujetar las tiras a las dos toallas con alfileres a la altura que más te guste y realizar una costura con refuerzo.

2· Recomiendo empezar con la toalla de mano. Medir uno de los laterales más cortos de la toalla, de lado a lado (donde irá aplicada la guarda de tela estampada). Agregar 1 cm de margen de costura para obtener la medida final de la guarda. Marcar con un lápiz de modista sobre el lado del revés de la tela y cortar con tijeras.

TIPS: LAVAR, SECAR Y PLANCHAR LA TELA ANTES DE COMENZAR.

3. Planchar un doblez de 1 cm en los cuatro laterales de la guarda de tela estampada.

Sujetar con alfileres uno de los bordes más largos de la guarda de tela estampada a uno de los bordes más cortos de la toalla, enfrentando los derechos. Coser a máquina con puntada recta mediana a lo largo de todo el borde. Luego plegar y planchar. Hacer un pespunte sobre el doblez a 3 mm del borde.

4. Sujetar con alfileres cada borde de la guarda a los laterales y a la parte superior. Utilizando la máquina de coser realizar una costura recta a unos 3 mm del borde con el derecho de la tela hacia arriba.

CAPITULO 4:
Sweet Dreams

Si te gusta coser y necesitas inspiración para hacer algún regalo especial, a continuación encontrarás ¡justo lo que estabas buscando! Cinco proyectos originales y divertidos para sorprender a algún ser querido.

A dormir...

Si nunca creaste una prenda para vos, este es el proyecto ideal para empezar a hacerlo. Es muy fácil de coser.
Yo elegí un estampado de flores pero podés optar por el que vaya más a gusto con tu estilo personal.

> NIVEL DE DIFICULTAD:

> TÉCNICAS REQUERIDAS:
  Costura a máquina.

> TAMAÑO: 110 x 34 cm.

Materiales necesarios:

• Algodón de estampado floral:
120 x 80 cm.
• Cinta de merceria: 200 cm.
• Máquina de coser.
• Alfileres, hilo y tijera.

1• Utilizando la moldería al final del libro, realizar en papel un molde para la parte delantera y otro molde para la parte trasera del pantalón. Superponer la moldería sobre la tela de algodón.

2• Con la ayuda del lápiz de modista y una tijera marcar y cortar las piezas. Dos para la parte delantera y dos para la parte trasera.

3• Sujetar con alfileres las dos piezas delanteras, enfrentando los derechos de la tela, y coser a máquina con puntada recta la parte delantera del tiro del pantalón. Realizar el mismo procedimiento con la parte trasera.

TIPS: LAVAR, SECAR
Y PLANCHAR LA
TELA ANTES DE
COMENZAR.

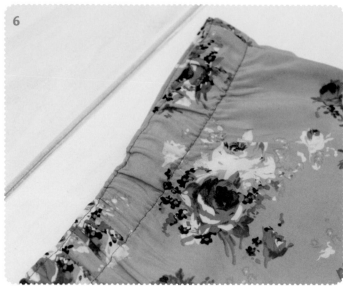

4· Unir la parte delantera y trasera del pantalón por los bordes laterales. Sujetar con alfileres y coser con puntada recta mediana (realizar costura zig zag a todas las costuras para reforzar y evitar futuras aberturas).

5· En el borde inferior de cada botamanga hacer un pliegue de 1 cm en el ruedo y planchar, luego hacer otro pliegue a 3 cm del ruedo, sujetar con alfileres y coser a máquina con puntada recta (podes elegir un hilo a contra tono para darle un detalle decorativo).

6· Realizar un pliegue de 1 cm sobre el borde superior de la cintura y planchar. Plegar nuevamente a los 3 cm del borde, sujetar con alfileres y coser a máquina con puntada recta con hilo a contra tono.

7· Hacer un par de ojales sobre el centro delantero de la cintura del pantalón, por donde pasará la cinta bordada que aparece en la foto.

8· Pasar toda la cinta a través de la cintura y hacer un lazo.

Corazón de lavanda

Como soy fanática de los aromas, siempre tengo algún perfume a mano en mi casa, en el trabajo o en la cartera. También me encanta aromatizar mis prendas personales y los ambientes de mi hogar. Con las siguientes instrucciones y un poco de lavanda podrás crear este corazón o cualquier otro diseño que desees y sentirte siempre perfumada.

CONSEJO ANTES DE EMPEZAR: Te conviene elegir un estampado con dibujos pequeños ya que el proyecto es chico.

> NIVEL DE DIFICULTAD: 🔘

> TÉCNICAS REQUERIDAS:
  Costura a máquina.
  Costura a mano.

> TAMAÑO: 30 x 25 cm.

Materiales necesarios:

- Algodón de estampado floral: 55 x 35 cm.
- Vellón siliconado.
- Lavanda: 6 tazas
- Máquina de coser.
- Aguja, alfileres, hilo y tijera.

1· Dibujar la forma de un corazón sobre un papel y utilizar este molde para cortar dos piezas: derecho y espalda.

2· Unir con alfileres las dos piezas enfrentando los derechos de la tela. Coser a máquina todo el contorno del corazón dejando 7 cm de un lado sin coser.

3· Una vez finalizada la costura, en las curvas exteriores (la parte de arriba del corazón) recortar pequeñas muescas en el sobrante de la tela a unos 2 mm de la costura. En la punta superior realizar una muesca para que no quede abultado.

4· Volver el corazón del lado derecho de la tela y utilizar un lápiz sin punta para emparejar los bordes y esquinas.
Utilizando un embudo introducir las seis tazas de lavanda dentro del corazón a través del agujero que dejamos anteriormente sin costura. Si queda algún espacio se puede rellenar con vellón siliconado.

5· Coser la abertura a mano con costura invisible.

TIPS: LAVAR, SECAR Y PLANCHAR LA TELA ANTES DE COMENZAR.

Antifaz

Es un proyecto ideal para practicar la técnica del matelaseado. Al principio del libro tenés explicaciones que te ayudarán a realizar las costuras curvas con una terminación excelente.

> NIVEL DE DIFICULTAD: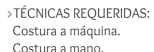

> TÉCNICAS REQUERIDAS:
> Costura a máquina.
> Costura a mano.

> TAMAÑO: 10 x 25 cm.

Materiales necesarios:

- Algodón de estampado floral: 12 x 27 cm.
- Algodón de estampado con lunares: 12 x 27 cm.
- Guata: 10 x 25 cm.
- Cinta satinada de 1 cm de ancho: 100 cm.
- Aguja, alfileres, hilo y tijera.
- Máquina de coser.
- Plancha.

1· Comenzar haciendo un molde del antifaz en papel (ver el que provee el libro en las últimas páginas). Recortar dos piezas, una en la tela de algodón con lunares y otro en la floreada.

2· Cortar a la mitad la cinta satinada para obtener dos lazos de 50 cm y prender con alfileres a los dos extremos de la tela de lunares del antifaz. Coser a máquina.

3· Ubicar la pieza de estampado floral sobre la guata y recortar el borde siguiendo la forma del antifaz.

TIPS: LAVAR, SECAR Y PLANCHAR LA TELA ANTES DE COMENZAR.

4. Usando una regla y un lápiz marcar las líneas diagonales a través de toda la superficie con una distancia de 2 cm entre ellas. Luego trazar líneas en diagonal hacia la dirección contraria, también con 2 cm de distancia entre cada una. Realizar sobre estas líneas varias costuras para obtener el matelaseado.

5. Sujetar con alfileres el forro a la pieza delantera, derecho contra derecho, y alrededor de todo el contorno. Controlar que la cinta satinada no quede enganchada en la costura o por algún alfiler.

6. Realizar una costura a máquina a 1 cm del borde con una puntada recta mediana. Dejar una abertura de 4 cm en el centro del borde superior para poder volver la tela del lado del derecho.

7. Una vez finalizada la costura, sobre las curvas exteriores recortar pequeñas muescas en el sobrante de la tela a unos 2 mm de la costura.

8. Volver el antifaz del lado del derecho. Cerrar la abertura con costura a mano con punto invisible.

9. Realizar una costura a 3 mm del contorno del antifaz.

8

9

Kit de lencería

El siguiente proyecto es súper práctico y sencillo para cualquiera que recién se aventura en el arte de la costura. Las técnicas son básicas, el tamaño es fácil de manipular y las curvas son amables.

> NIVEL DE DIFICULTAD:

> TÉCNICAS REQUERIDAS:
> Costura a máquina.

> TAMAÑO: 30 x 35 cm.

Materiales necesarios:

- Algodón de estampado floral: 37 x 80 cm.
- Algodón de estampado rayado: 50 x 80 cm.
- Máquina de coser.
- Plancha.
- Alfileres, hilo, alfiler de gancho y tijera.

1. Hacer un molde rectangular de 28 x 33 cm. Con el lápiz de modista marcar sobre la tela de flores dos piezas por el contorno del molde y cortar, teniendo en cuenta que necesitamos agregar 1 cm de costura en cada lado. Repetir el mismo procedimiento con la tela rayada.

2. Sobre los laterales y a 10 cm del borde superior de la tela rosa hacer un pequeño corte de 5 mm. Repetir el procedimiento en la tela rayada. Redondear las dos esquinas superiores de las dos telas.

3. Coser a máquina (a 1 cm del borde) con puntada recta mediana los primeros 10 cm de los laterales y el borde superior enfrentando las telas rayadas y floreadas del lado del derecho. Reforzar las costuras y plancharlas abiertas. Dar vuelta la tela del lado del derecho y planchar nuevamente.

TIPS: LAVAR, SECAR
Y PLANCHAR LA
TELA ANTES DE
COMENZAR.

4· Marcar dos líneas horizontales paralelas entre sí a 10 cm del borde superior y coser a máquina para obtener un surco por donde pasarán los lazos de tela rayada de 75 cm cada uno. (Para la confección de los lazos, pueden ver las instrucciones al comienzo del libro, donde se explica el paso a paso.)

5· Insertar un alfiler de gancho en el primer lazo y pasarlo por el agujero que quedó formado en cada lateral de las dos caras de la bolsa. Realizar un nudo en la unión de las dos puntas del lazo. Repetir la misma acción con el segundo lazo pero introduciéndolo por el otro orificio lateral.

6· Para terminar con la primera cara de la bolsa, sujetar con alfileres y terminar de coser los laterales enfrentando el revés de la tela de algodón con la tela del forro. Realizar todos estos pasos con la otra cara de la bolsa.

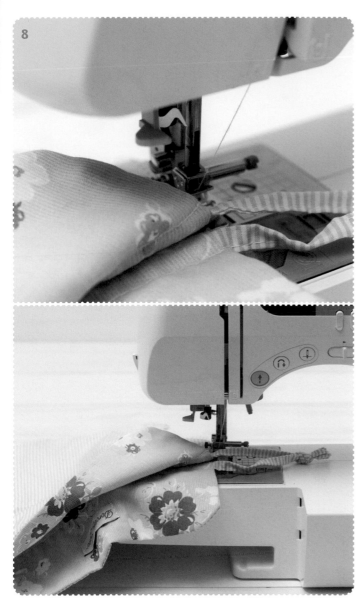

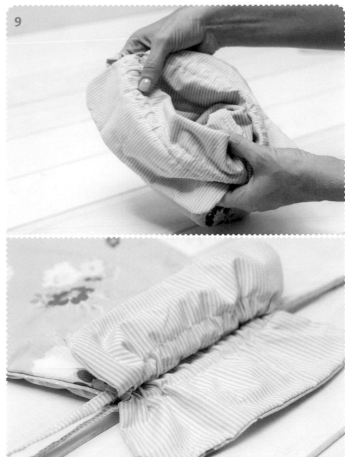

7• Una vez terminadas las dos caras de la bolsa sujetar con alfileres una cinta al bies, ya plegada previamente, al borde de una de las caras de la bolsa (sobre el derecho de la tela).

8• Superponer la otra cara de la bolsa enfrentando derechos, sujetar con alfileres y coser un biés con la misma tela del forro y aplicar sobre las costuras para darle una terminación más prolija.

9• Una vez terminado el paso anterior dar vuelta del lado del derecho.

Porta accesorios

Ideal para guardar los accesorios antes de irte a dormir y así mantenerlos separados y ordenados. También podes adaptar las medidas y utilizarlo para guardar otros objetos o incluso medias o ropa interior ¡y convertirlo en tu kit básico para viajar a donde sea!

> NIVEL DE DIFICULTAD: 🔘 🔘

> TÉCNICAS REQUERIDAS:
Costura a máquina.

> TAMAÑO: 20 x 35 cm.

Materiales necesarios:

- Algodón de estampado floral con fondo blanco: 20 x 35 cm.
- Algodón rayado: 20 x 35 cm.
- Entretela: 20 x 35 cm.
- Algodón de estampado floral con fondo rosa: 10 x 20 cm.
- Bies: 170 cm.
- Flecos: 2
- Cremallera: 2 de 20 cm.
- Máquina de coser.
- Plancha.
- Alfileres, hilo, tijera.

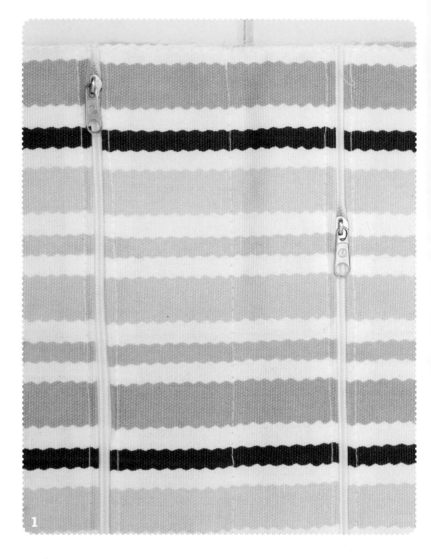

Medir y cortar:
- un rectángulo de 20 x 35 cm sobre la tela floreada con fondo blanco. Y otro de la misma medida en la entretela.
- tres rectángulos sobre la tela rayada. Uno que mida 15 x 20 cm y dos que midan 10 x 20 cm (más 1 cm en los bordes donde irán ubicados los cierres para el margen de costura).
- dos cuadrados de 10 x 10 cm sobre la tela floreada con fondo rosa.

1· Armado de la parte interna: abrir la primer cremallera y sujetarla con alfileres sobre el borde de una de las piezas de 12 x 20 cm (del lado del derecho de la tela de algodón). Coser a 5 mm del borde con puntada recta mediana. Realizar el mismo proceso del otro lado. Plegar la tela del lado del derecho y realizar un pespunte a máquina, cerca de las líneas de costura. Realizar el mismo procedimiento con la segunda cremallera y la pieza rayada de 17 x 20 cm. Cerrar las cremalleras.

TIPS: LAVAR, SECAR
Y PLANCHAR LA
TELA ANTES DE
COMENZAR.

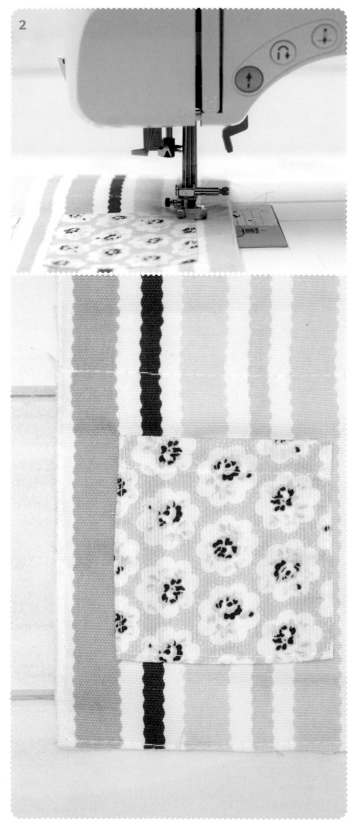

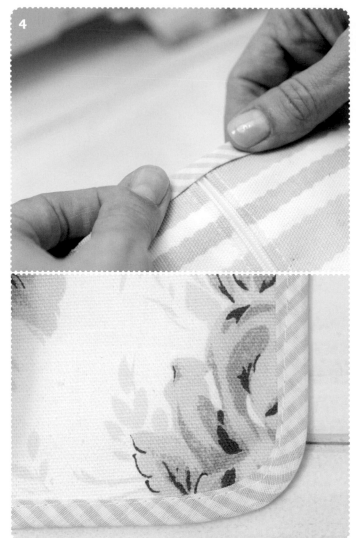

2. Planchar un doblez de 1 cm en cada lateral de los dos cuadrados de 10 x 10 cm (plegando la tela hacia el lado del revés). Sujetar con alfileres sobre la parte inferior de la pieza rayada y coser a máquina con puntada recta mediana.

3. Sujetar con alfileres las piezas exterior e interior de forma que la entretela quede entremedio de los reveses de las dos telas. Con una tijera redondear las cuatro esquinas. Coser a máquina a unos 5 mm del borde con puntada recta mediana.

4. Aplicación del biés: Empezando por el lateral central superior, sujetar con alfileres la cinta al biés alrededor de uno de los bordes de la tela y coser a máquina con una puntada recta mediana. Darle forma al biés para que se adapte a las curvas.

5. Realizar un lazo con cinta bies, sujetarlo con alfileres al borde superior del porta accesorios y hacer una costura de refuerzo para que no se descosa con el uso.

6. Opcional: Aplicar los flecos en los deslizadores de cada cremallera.

CAPITULO 5:
Oficina

En este capítulo ¡hay de todo! Proyectos ideales para aquellas que recién descubren el mundo de la costura y también para que las más experimentadas ¡desafíen aún más sus habilidades!

Porta notebook

Esta es una gran oportunidad para reflejar tu estilo personal. Tomá las medidas de tu computadora y adaptá los moldes hasta lograr el tamaño ideal para vos.

> NIVEL DE DIFICULTAD: ⊞ ⊞

> TÉCNICAS REQUERIDAS:
  Costura a máquina.

> TAMAÑO: 22 x 32 cm (x 3 cm de ancho).

Materiales necesarios:

- Algodón estampado plastificado: 55 x 70 cm.
- Algodón rayado: 55 x 70 cm.
- Guata: 55 x 70 cm.
- Cierre: 60 cm.
- Máquina de coser.
- Plancha.
- Alfileres, hilo y tijera.

1· Medir el alto, el ancho y la profundidad de tu computadora. Luego, con los útiles de medición y el lápiz de modista, realizar un molde en papel teniendo en cuenta que lleva 1 cm de margen de costura en cada lado. La muestra realizada que se ve en las fotos mide 22 x 32 cm (y 3 cm de ancho).

2· Medir y cortar dos rectángulos de 24 x 34 cm de guata y otro dos de la misma medida de tela plastificada. Sujetar con alfileres y coser a máquina con puntada recta a 3 mm del borde.

3· Superponer la tela plastificada y la guata sobre la tela rayada de algodón y centrar. Con alfileres sujetar las piezas de tal manera que quede la guata entre medio del revés de cada tela. Coser a máquina con puntada recta. Repetir el mismo procedimiento para la otra cara de la funda.

TIPS: LAVAR,
SECAR Y PLANCHAR
LA TELA ANTES
DE COMENZAR.

4· Con la ayuda de una regla medir y hacer en papel, un molde rectangular que mida 3 x 54 cm (más 1 cm de margen de costura en cada borde). Cortar las tres piezas: una en la tela plastificada, otra en guata y la tercera en la tela de algodón rayada. Superponerlas entre sí, sujetarlas con alfileres y coser con puntada recta mediana a 5 mm del borde exceptuando un extremo por donde introducirás la punta del cierre y así podrás completar el fuelle entero.

5· Prender con alfileres el fuelle a una de las tapas de la funda, derecho contra derecho. Coser a máquina con una puntada recta y mediana a 1 cm del borde. Realizar el mismo procedimiento con la otra tapa de la funda.

6· Para darle una terminación más prolija a los bordes, coser un ribete de la misma tela del forro alrededor de todo el contorno del borde.

7· Dar vuelta la funda del lado del derecho y comprobar si el tamaño es el correcto.

Cartuchera

Este es un proyecto súper rápido y es la excusa ideal para practicar cómo coser una cremallera. Además no requiere del uso de mucha tela, así que es una excelente oportunidad para aprovechar los retazos que hayan sobrado de proyectos anteriores.

> NIVEL DE DIFICULTAD: ⊞

> TÉCNICAS REQUERIDAS:
  Costura a máquina.

> TAMAÑO: 20 x 11 cm.

Materiales necesarios:

- Algodón de estampado floral: 22 x 24 cm.
- Algodón estampado con lunares: 26 x 28 cm.
- Cremallera: 22 cm.
- Aguja, tijera, hilo.
- Máquina de coser.
- Plancha.

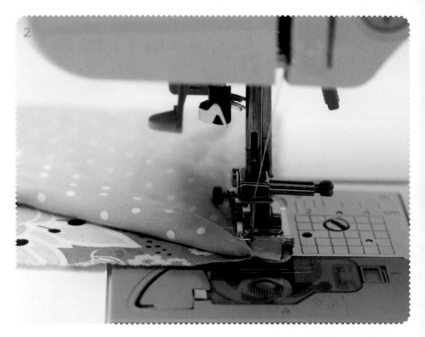

1· Con los útiles de medición y el lápiz de modista, realizar los moldes correspondientes en papel (teniendo en cuenta que lleva 1 cm de margen de costura en cada lado). La muestra realizada que ves en las fotos mide 20 x 11 cm. Cortar con una tijera:
- dos piezas de 22 x 12 cm de la tela floreada (parte externa).
- dos piezas de 22 x 14 cm de la tela de lunares (parte interna).
- una pieza de 4 x 6 cm de la tela de lunares (cremallera).
- una pieza de 3 x 6 cm de la tela de lunares (cremallera).

2· Sujetar con alfileres el borde más largo de las piezas internas y externas de la cartuchera (derecho contra derecho). Coser a máquina a 5 mm con una puntada mediana, dar vuelta y planchar.

3· Plegar la tela de lunares a 5 mm del borde de la costura (uniendo los reveses) y planchar de manera que sobresalga la tela interna sobre la externa. Emparejar las dos telas sobre el borde inferior para que queden a la misma altura. Realizar el mismo procedimiento con la otra cara de la cartuchera.

TIPS: LAVAR, SECAR Y PLANCHAR LA TELA ANTES DE COMENZAR.

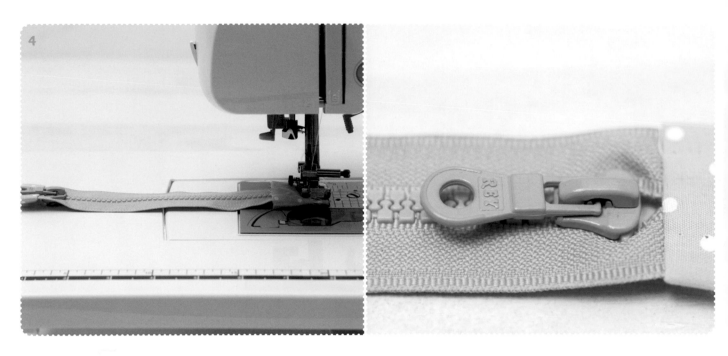

4· Armado de la cremallera: Plegar los dos rectángulos de 4 x 6 cm y 3 x 6 cm a la mitad. Sujetar cada uno a cada extremo de la cremallera cerrada. Coser a máquina con puntada recta mediana.

5· Con la cremallera abierta sujetar con alfileres y coser a máquina, a 1 cm del borde, una cara de la bolsa a un lateral de la cremallera (que los dientes queden ocultos debajo de la tela

de lunares que sobresale). Realizar el mismo procedimiento con el otro lado de la cartuchera y cerrar la cremallera.

6· Superponer los dos lados de la cartuchera del lado del derecho y coser a máquina con puntada recta mediana los tres laterales a 1 cm del borde. Dar vuelta del lado del derecho.

Porta anteojos

Este proyecto requiere de un poco más de paciencia que otros pero a no asustarse, ¡no es tan complejo! Siguiendo estos pasos y con sólo cambiar algunas medidas, estampados o formas, te sorprenderás de la variedad de fundas que podrás hacer para el celular, tablet o cualquier objeto que quieras conservar seguro ¡y canchero!

>NIVEL DE DIFICULTAD: ⊞ ⊞

>TÉCNICAS REQUERIDAS:
 Costura a máquina.
 Costura a mano.

>TAMAÑO: 20 x 11 cm.

Materiales necesarios:

- Algodón de estampa floral: 25 x 22 cm.
- Algodón estampado con búlgaros: 25 x 22 cm.
- Bies: 70 cm.
- Botón.
- Cordón: 6 cm.
- Aguja, tijera, hilo.
- Máquina de coser.
- Plancha.

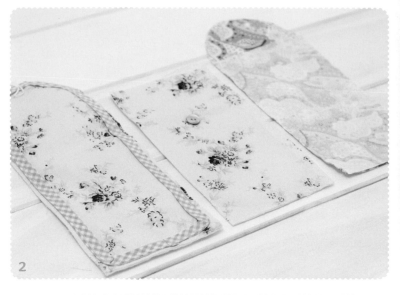

1· Utilizando la moldería que te provee el libro medir y cortar (teniendo en cuenta que lleva 1 cm de margen de costura):
Lado externo: una pieza delantera y espalda en el algodón de estampado floral.
Lado interno: una pieza delantera y espalda en el algodón estampado de búlgaros.
Entretela: una pieza delantera y espalda.

2· La muestra es de 11 x 20 cm, pero se pueden emplear otras medidas y formas.

3· Sujetar con alfileres y coser a máquina con puntada recta la espalda de la tela floreada sobre la entretela (a 5 mm del borde).

4· Para aplicar con facilidad el bies recomiendo primero hacer un doblez en la mitad y plancharlo. Empezando por la parte inferior, sujetar con alfileres la cinta al bies alrededor del borde del algodón de estampado floral (del lado del derecho). Coser a máquina con una puntada recta mediana a 3 mm del borde (es importante darle forma al bies para que se adapte a las curvas y esquinas).

TIPS: LAVAR, SECAR Y PLANCHAR LA TELA ANTES DE COMENZAR.

Dorothy Jane

136

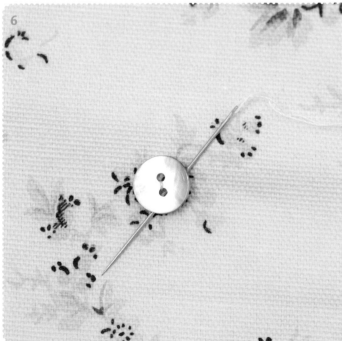

5· Coser con costura de refuerzo el cordón de 6 cm en el borde superior de la espalda del porta anteojos.

6· A 7 cm del borde superior de la pieza delantera, coser un botón a mano. Luego sujetar con alfileres y coser a máquina la delantera de flores con la pieza de entretela que le corresponde (a 5 mm del borde).

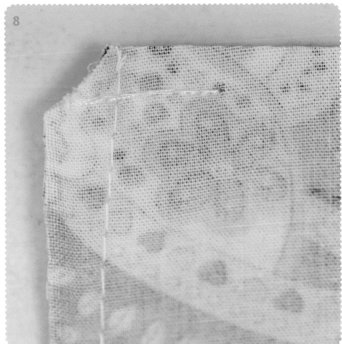

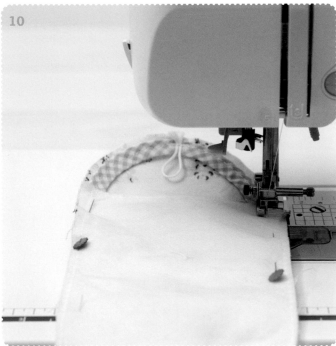

7· Unir las dos piezas del forro, enfrentando los derechos de la tela y coser a máquina con puntada recta.

8· Dejar una abertura de 6 cm en el borde inferior.

9· Dejar 1 cm sin coser en la parte superior de cada lateral.

10· Superponer la espalda al delantero, enfrentando las caras del derecho, sujetar con alfileres y coser a máquina con puntada recta mediana.

11· Unir con alfileres y coser a máquina los bordes superiores (de espalda y derecho) del algodón de estampa floral con la del forro (encarando el derecho de las telas).

12· Dar vuelta toda la funda del lado del derecho.

13· Coser la abertura de 6 cm.

14· Cerrar y fijarse si la altura del botón está bien.

Bolsón

Este bolso es uno de mis preferidos. Es tan grande que nunca parece llenarse del todo. Ideal para llevar mis tejidos, para una escapada de fin de semana y, por qué no ¡para hacer las compras del supermercado con más onda!

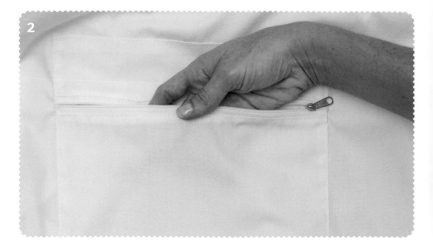

> NIVEL DE DIFICULTAD: ⊞ ⊞ ⊞

> TÉCNICAS REQUERIDAS:
  Costura a máquina.

> TAMAÑO: 60 x 80 cm.

Materiales necesarios:

• Algodón de estampado floral:
120 x 140 cm.
• Algodón liso (para forro y bolsillo):
140 x 80 cm.
• Cordón: 320 cm.
• Cierre: 25 cm.
• Aguja, tijera, hilo.
• Máquina de coser.
• Plancha.

1· Utilizando una regla larga y el lápiz de modista, medir y marcar los moldes correspondientes. Luego con una tijera cortar en la tela floreada:
• dos piezas de 29 x 49 cm (laterales).
• dos piezas de 44 x 65 cm (centros).
• dos piezas de 10 x 160 cm (tiras).
• cuatro piezas de 6 x 160 cm (ribetes).
• dos piezas de 14 x 5 cm (manijas).
Para el forro cortar:
• dos piezas de 80 x 60 cm (laterales).
• una pieza de 27 x 18 cm (bolsillo).
• una pieza de 27 x 8 cm (bolsillo).

2· Comenzar por el armado del forro:
Prender con alfileres e hilvanar el borde más largo de la pieza superior del bolsillo con un costado de la cremallera de modo que los dientes queden por debajo del extremo superior.
Repetir del otro lado de la cremallera uniéndola con el borde más largo de la pieza inferior del bolsillo y cerrar la cremallera.
Utilizando un pie de cremallera, coser a máquina la cremallera a unos 3 mm por debajo de la línea de costura. Realizar puntadas de refuerzo a máquina en cada extremo. Con el derecho hacia arriba, extender sobre la mesa de trabajo una de las caras del forro y colocar encima el bolsillo uniendo el revés de las telas. Sujetar con alfileres y coser a máquina los cuatro laterales con costura recta. Unir las dos caras del forro y coser los laterales.

3· Una vez finalizado el paso anterior, continuar con la confección de las tiras. Necesitaremos realizar cuatro bieses de tela rellenos con cordón. Lo que debemos hacer es envolver la tira en torno al cordón con el revés de las telas encarados y coser cerca del cordón.

TIPS: LAVAR, SECAR
Y PLANCHAR LA
TELA ANTES DE
COMENZAR.

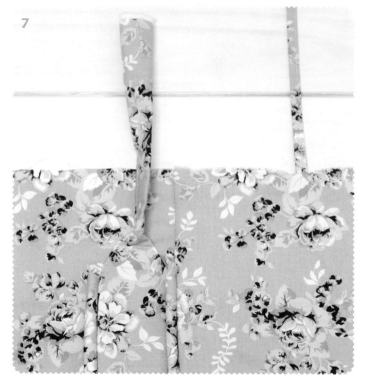

4· Unir las dos caras del bolso, sobre el borde inferior, y coser a máquina del lado del derecho. Luego sujetar con alfileres los dos bieses sobre el centro del bolso y coser a máquina con puntada recta mediana.

5· Aplicar, sobre la costura del biés, una de las tiras de 10 x 160 cm y coser un lateral a 1 cm del borde (enfrentando los derechos de las telas). Realizar lo mismo con el otro lado del bolso.

6· Colocar y sujetar con alfileres los otros dos bieses sobre las tiras y coser a máquina con puntada recta mediana.

7· Tomar el sobrante de tela de las tiras, plegar el margen de costura hacia adentro y volver a plegar nuevamente a la mitad. Sujetar con alfileres y coser a máquina con puntada recta mediana. Hacer dos lazos de 1 cm de ancho y 32 cm de largo y sujetarlos con una costura al borde superior a cada lado de las caras del bolso.

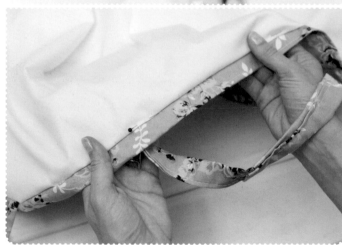

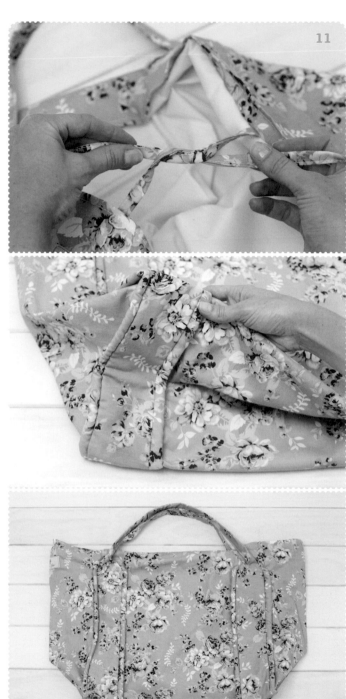

143

8· Sujetar con alfileres y coser a máquina con costura recta los dos laterales y el fondo del bolso.

9· Sujetar con alfileres y coser las manijas a las tiras con costura de refuerzo.

10· Una vez finalizada la parte externa, realizar un pliegue al margen de costura del forro y planchar.

11· Sujetar por el borde superior las partes interna y externa del bolso. Coser y planchar.

Abotonado

Lo que más me apasiona de la costura es poder tener un millón de posibilidades para crear cosas diferentes a cada instante. El patch, por ejemplo, me permite conjugar una infinidad de estampados y texturas y crear bolsos divinos como este. Tiene el tamaño ideal para un uso diario. Yo lo llevo conmigo a todas partes con mis cuadernos y mi computadora.

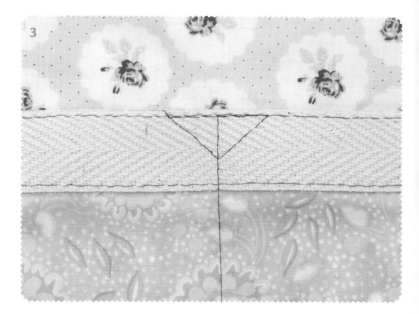

> NIVEL DE DIFICULTAD:

> TÉCNICAS REQUERIDAS:
  Costura a máquina.
  Costura a mano.

> TAMAÑO: 46 x 65 cm.

Materiales necesarios:

- Algodón de estampado chevron (parte interna): 70 x 122 cm.
- Algodón de estampado floral con círculos (parte externa): 65 x 122 cm.
- Algodón de estampado floral (bolsillo): 45 x 32 cm.
- Cinta mochilera de 3 cm de ancho: 350 cm.
- 2 botones.
- Tijera, hilo y alfileres.
- Máquina de coser.
- Plancha.

1· Utilizando la moldería que te provee el libro marcar y cortar los siguientes moldes (teniendo en cuenta que lleva 1 cm de margen de costura en cada lado):
- Lado externo (tela floreada con círculos): dos piezas.
- Lado interno (chevron): dos piezas.
- Bolsillo (tela floreada): una pieza.

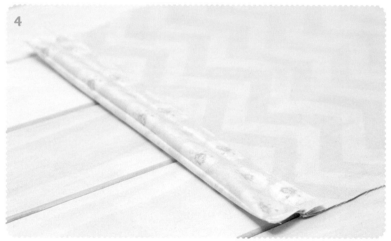

2· Medir y cortar con tijera:
- una pieza rectangular de 19 x 122 cm en la tela chevron (fuelle / lado interno).
- una pieza rectangular 14 x 122 cm en la tela floreada con círculos (fuelle lado externo).

3· Plegar 1 cm de margen de costura del borde superior del bolsillo (encarando el derecho de la tela). Sujetar con alfileres y coser la cinta mochilera al lateral superior del bolsillo con hilo a contra tono. Realizar una costura de refuerzo en el centro.

4· Coser a máquina con puntada recta el bolsillo a la cara del derecho del delantero del bolso por los laterales y realizar una costura en el centro.

TIPS: LAVAR, SECAR Y PLANCHAR LA TELA ANTES DE COMENZAR.

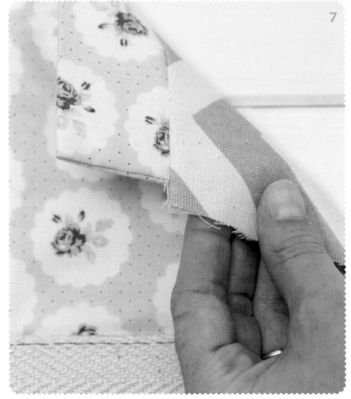

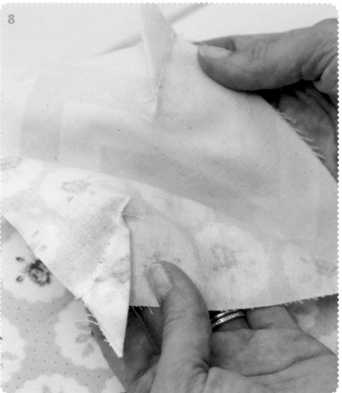

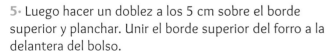

5• Luego hacer un doblez a los 5 cm sobre el borde superior y planchar. Unir el borde superior del forro a la delantera del bolso.

6• Realizar un recorte de 1 cm sobre los laterales a 5 cm del pliegue superior. Coser los dos laterales hasta ese punto.

7• Dar vuelta la tela del lado del derecho y planchar. Repetir los últimos dos pasos con la espalda del bolso.

8• Para lograr que el bolso tenga profundidad y forma, realizar una costura en diagonal en las dos esquinas de la parte inferior de cada tela del delantero y la espalda del bolso (parte interna y externa).

9• Recortar el excedente de tela para que no quede abultada después.

10• Unir los laterales del bolso con costura recta a máquina.

11. Armar el fuelle uniendo los reveses de las piezas que corresponden al lado interno y externo. Coser los laterales a máquina con puntada recta a 1 cm del borde.

12. Sujetar con alfileres el fuelle al delantero y espalda. Coser a máquina con puntada recta. Para darle una terminación más prolija a los bordes, coser un ribete de la misma tela del forro alrededor todo el contorno del borde.

13. Con la máquina de coser aplicar la cinta mochilera con dos costuras rectas con hilo a contra tono. Reforzar al final para que no se descosa con el uso.

14. Coser a mano los dos botones sobre la cara del derecho del bolsillo.

CAPITULO 6:

Aire libre

Si adoras pasar
horas al aire libre
tomando mate
y charlando
con amigos a
continuación
encontrarás varios
proyectos ¡que te
van a encantar!

Bolso matero

Este bolso es ligeramente más complejo que los anteriores ya que requiere de varias técnicas de costura, como la aplicación de ballenas, algunas puntadas a mano y varias piezas para el armado de la estructura. Pero no te desanimes. Nunca sabrás si lo podes lograr ¡si no lo intentas!

> NIVEL DE DIFICULTAD: ⊞ ⊞ ⊞

> TÉCNICAS REQUERIDAS:
  Costura a máquina.
  Costura a mano.

> TAMAÑO: 22 x 30 cm.

Materiales necesarios:

- Algodón de estampado floral (parte externa y manija): 50 x 100 cm.
- Algodón de estampado floral (parte interna): 40 x 100 cm.
- Entretela: 50 x 100 cm.
- 2 botones.
- 6 ballenas plásticas.
- Máquina de coser.
- Plancha.
- Alfileres, hilo, aguja, tijera.

1· Medir y cortar:
- un rectángulo de 72 x 30 cm sobre la tela floreada (parte externa) y otro de la misma medida en la entretela.
- un rectángulo de 72 x 38 cm sobre la tela floreada (parte interna).
- un círculo de 25 cm de diámetro sobre cada tela floreada y otro sobre la entretela.
- un rectángulo de 57 x 10 cm sobre la tela floreada (manija).

2· Sobre la mesa de trabajo, superponer la entretela a la cara del revés de la tela floral que utilizaremos para la parte externa del bolso alineando los bordes inferiores y laterales. Sujetar con alfileres.

3· Marcar y realizar doce costuras verticales de lado a lado, uniendo las dos capas de tela y dejando seis aberturas de 1 cm por donde luego poder introducir las seis ballenas plásticas. Recortar el exceso de entretela.
Una vez finalizado el paso anterior, plegar la pieza y con las caras del derecho enfrentadas sujetar los laterales con alfileres. Coser a máquina con puntada recta mediana.
Realizar el mismo procedimiento con la pieza de la parte interna del bolso.

TIPS: LAVAR, SECAR Y PLANCHAR LA TELA ANTES DE COMENZAR.

4. Armado de la base circular del bolso: es necesario superponer los dos reveses de las telas floreadas a la entretela. Sujetar con alfileres y coser a máquina, con puntada recta mediana, a 5 mm del borde alrededor de todo el perímetro.

5. Armado del bolso: Sujetar con alfileres y coser las tres piezas, enfrentando los derechos de las telas (parte interna, externa y base circular). Dar vuelta la pieza que corresponde a la parte externa del bolso del lado del derecho.

6. Planchar un doblez de 1 cm en la parte superior de la tela interna. Plegar nuevamente a 4 cm generando un doblez sobre el borde superior del bolso.
Sujetar con alfileres y coser a máquina a 5 mm del borde.

7. Aplicación de la manija: Sobre el rectángulo de tela floreada de 57 x 10 cm, doblar 1cm de margen de costura hacia adentro y planchar. Plegar nuevamente la tela a la mitad sujetando los bordes con varios alfileres y coser los laterales a máquina a 5 mm del borde con una puntada recta mediana. Una vez finalizado el paso anterior, ubicar los dos extremos de la manija a cada lado del bolso. Sujetar con alfileres y luego de corroborar que está derecho y centrado, coser a máquina con costura de refuerzo para que no se descosa con el uso.

8. Ubicar los botones y coserlos a mano en cada extremo de la manija.

Sobre ruedas

Este sencillo y práctico bolso es perfecto para llevar lo necesario a la hora de dar un paseo. Yo elegí un estampado bien colorido que contraste con el color de mi bici. Tomate tu tiempo para elegir cada estampado, textura y avío. Esa elección tan personal es lo que le dará el toque especial.

> NIVEL DE DIFICULTAD:

> TÉCNICAS REQUERIDAS:
  Costura a máquina.

> TAMAÑO: 20 x 30 cm.

Materiales necesarios:

- Algodón de estampado floral: 50 x 100 cm.
- Plástico blanco: 50 x 50 cm.
- Bies: 90 cm.
- Cordón: 90 cm.
- Cierre: 35 cm.
- Cinta mochilera de algodón: 48 cm.
- Aguja, tijera, hilo.
- Máquina de coser.
- Plancha.

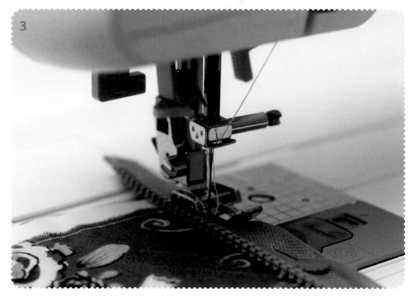

1· Utilizando una regla y el lápiz de modista medir y cortar en la tela floreada:
- una pieza rectangular de 37 x 34 cm (cuerpo).
- una pieza rectangular de 14 x 34 cm (cuerpo).
- dos piezas ovaladas de 20 x 13 cm de diámetro (laterales).
- dos piezas de 62 x 8 cm (tiras superiores).

Sobre el plástico medir y cortar:
- una pieza rectangular de 37 x 34 (cuerpo).
- una pieza rectangular de 14 x 34 (cuerpo).
- dos piezas ovaladas de 20 x13 cm de diámetro (laterales).

2· Comenzaremos por el armado de las tiras: Realizar un pliegue de 1 cm en cada borde de los dos rectángulos que corresponden a las tiras y planchar. Volver a plegar a la mitad (hacia el lado del revés), sujetar con varios alfileres y coser a máquina con puntada recta mediana a 5 mm de todo el contorno.

3· Colocar sobre la mesa de trabajo las piezas de plástico y superponer sobre ellas las piezas de tela estampada de la misma medida, según corresponda. Sujetar con alfileres y coser a máquina con puntada recta mediana. Abrir la cremallera y colocar uno de sus lados sobre uno de los laterales de la pieza de 37 x 34 cm. Coser a máquina con el pie de cremallera. Realizar el mismo procedimiento con uno de los laterales de la pieza de 14 x 34 cm.

TIPS: LAVAR, SECAR
Y PLANCHAR LA
TELA ANTES DE
COMENZAR.

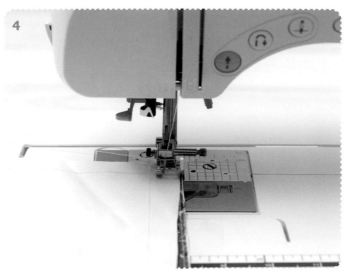

4. Unir los otros dos laterales que quedaron sueltos.

5. Una vez finalizado el paso anterior, sujetar con alfileres y coser a máquina las dos tiras de tela estampada y la cinta mochilera.

6. Armado de los laterales: unir con alfileres y coser a máquina las dos piezas ovaladas de tela con las de plástico. Colocar el bies (relleno con cordón) sobre todo el contorno de cada lateral. Sujetar con alfileres y coser a máquina con puntada recta mediana.

7. Realizar muescas en los bordes curvos para que la tela se adapte fácilmente a la forma del bolso.

8. Armado del bolso: Sujetar con alfileres y coser a máquina cada lateral a cada extremo del cuerpo del bolso.

Lona

Para mí, la parte más divertida de todo el proceso de creación de un producto es elegir los estampados y lograr las combinaciones perfectas. Para esta lona te recomiendo elegir un color de bies que contraste con el estampado y así resaltarán más los colores.

> NIVEL DE DIFICULTAD:

> TÉCNICAS REQUERIDAS:
  Costura a máquina.

> TAMAÑO: 150 x 100 cm.

Materiales necesarios:

- Lona de algodón estampada: 150 x 100 cm.
- Plástico blanco: 150 x 100 cm.
- Bies rosa: 550 cm.
- Cinta mochilera: 45 cm
- Velcro: 6 cm.
- Tijera, hilo y alfileres.
- Máquina de coser.
- Plancha.

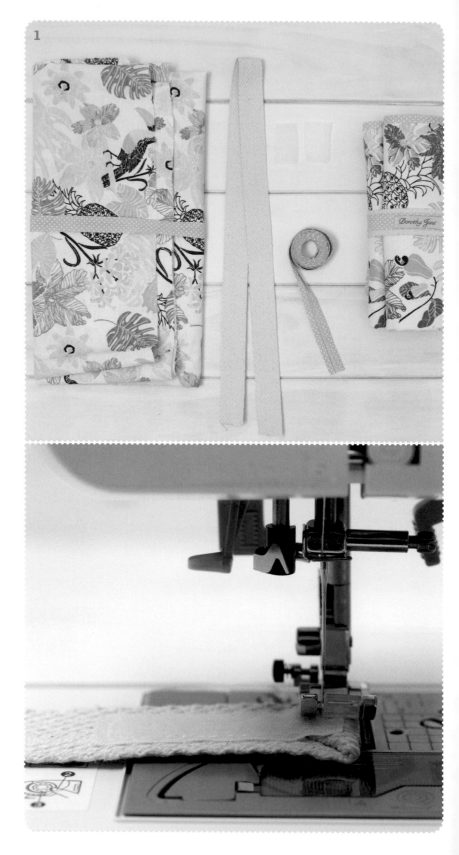

1· Comenzaremos preparando la tira de cinta mochilera. Para eso necesitaremos 50 cm de la cinta al bies y 6 cm de velcro. Luego prender con alfileres y coser a máquina la cinta al bies de lado a lado y al centro de una de las caras de la cinta mochilera. Realizar un pliegue de 1 cm en uno de los extremos y coser a máquina.

TIPS: LAVAR, SECAR
Y PLANCHAR LA
TELA ANTES DE
COMENZAR

2· Marcar la altura de cierre en la tira y sujetar con alfileres el velcro (una cara del velcro irá ubicada en la parte de abajo de un extremo de la tira y la otra cara irá aplicada sobre la parte de arriba del otro extremo de la tira). Coser a máquina con puntada recta mediana.

3· La muestra está realizada sobre un rectángulo que mide 150 x 100 cm, pero podés emplear otras medidas y formas. Utilizando el lápiz de modista, trazar el contorno y cortar sobre el plástico y sobre el tejido una pieza. Con la ayuda de la tijera redondear las cuatro esquinas. Para aplicar con facilidad el bies recomiendo primero hacer un doblez a la mitad y plancharlo. Superponiendo el plástico con la tela y empezando por el centro de un lateral, sujetar con alfileres la cinta al bies alrededor de uno de los bordes de las telas y coser a máquina con una puntada recta mediana. Darle forma al bies para que se adapte a las curvas en cada una de las cuatro esquinas.

4· Sobre uno de los laterales introducir la cinta mochilera dentro del bies y coser a máquina y asegurar la costura con puntada de refuerzo. Continuar cosiendo todo el borde de la tela hasta encontrarte nuevamente con el principio del bies. Recortar el extremo del bies en un ángulo recto, dejando un solapado de 2 cm. Superponer las dos puntas del bies y realizar una costura de refuerzo (con el botón de reversa de la máquina).

5· Una vez finalizado el paso anterior, plegar la lona sobre sí misma hasta obtener un tamaño que sea de tu agrado y verificar que se pueda prender el velcro.

CAPITULO 7:
Kids

Como se habrán dado cuenta, no soy muy amiga de la producción en masa. Me gusta que mis hijos jueguen y se diviertan con productos hechos por mí misma. Diseñados con materiales nobles y combinaciones de estampados elegidas minuciosamente. Además de que a ellos les encanta, aprovecho para despejar mi mente y disfrutar de uno de los mayores placeres de mi vida: crear.

El cubo

Este cubo de tela con base de cartón es ideal para almacenar todos esos diminutos juguetes que siempre andan perdidos por toda la casa, libros ¡o hasta medias! Un plus: Cuando está vacío se puede plegar y queda totalmente chato sin ocupar espacio en tu casa.

> NIVEL DE DIFICULTAD:

> TÉCNICAS REQUERIDAS:
  Costura a máquina.

> TAMAÑO: 30 x 30 x 30 cm.

Materiales necesarios:

- Algodón de estampado floral: 122 x 32 cm.
- Algodón liso (forro): 122 x 64 cm.
- Bies: 122 cm.
- Cinta mochilera: 70 cm.
- 5 planchas de cartón de 30 x 30 cm.
- Pegamento.
- Alfileres, hilo y tijera.
- Máquina de coser.

1· Utilizando los instrumentos que detallamos en la introducción del libro medir y cortar:
• una pieza rectangular de 32 x 122 cm en algodón de estampado floral (parte externa).
• una pieza rectangular de 32 x 122 cm en algodón liso (parte interna).
• una pieza cuadrada de 32 x 32 cm en algodón liso (base).
• una pieza cuadrada de 34 x 34 cm en algodón liso (base).
• cuatro piezas cuadradas de 6 x 6 cm (manijas).

2· Cortar la cinta mochilera a la mitad para obtener dos piezas de 35 cm. Ubicar cada tira sobre las dos caras del derecho de la tela floreada a la altura que corresponda. Sujetar con alfileres y coser. Para que la costura quede asegurada, aplicar los 4 cuadrados de 6 x 6 cm en los extremos de cada tira (previamente plegar 1 cm del borde hacia adentro). Sujetar con alfileres y coser a maquina a 5 mm de cada lado.

TIPS: LAVAR, SECAR Y PLANCHAR LA TELA ANTES DE COMENZAR.

3· Armado del cuerpo del cubo: Sobre la mesa de trabajo superponer la tela estampada sobre la lisa, centrar y alinear los laterales. Sujetar con alfileres y coser a maquina con puntada recta mediana. Sujetar con alfileres la base de tela lisa (cuadrado de 32 x 32 cm) y coser a los cuatro laterales inferiores de 30 cm del cuerpo del cubo a 1 cm del borde.

4· Con alfileres marcar las cuatro esquinas y realizar una costura vertical de lado a lado.

5· Introducir las cuatro planchas de cartón de 30 x 30 cm en cada lado del cubo.

6· Colocar sobre todo el contorno del borde superior del cubo la cinta al bies.

7· Armado de la base del cubo: Realizar un pliegue de 1 cm sobre el recorte de 34 x 34 cm y coser a máquina a 3 mm del borde alrededor de todo el contorno. Luego colocar el cartón sobre la tela y plegar sobre el mismo los bordes de 1 cm que sobresalen. Pegarlas con pegamento incoloro.

8· Colocar la base en el interior del cubo.

Mochila

Para quienes me conocen y conocen mi marca, saben que este es mi HIT. Este proyecto, desde mis comienzos, es sin dudas uno de mis favoritos ¡y ahora también el de mis clientas! Definitivamente presenta un desafío mayor pero realmente vale la pena. Elegí uno de tus géneros más lindos ¡y manos a la obra!

> NIVEL DE DIFICULTAD: ⊞ ⊞ ⊞

> TÉCNICAS REQUERIDAS:
  Costura a máquina.

> TAMAÑO: 20 x 26 cm.

Materiales necesarios:

- Algodón estampado: 70 x 50 cm.
- Plástico blanco: 60 x 50 cm.
- Bies celeste: 175 cm.
- Cinta mochilera: 100 cm.
- 2 pasacintas.
- Cierre: 40 cm.
- Ribete de pompones: 25 cm.
- Trencilla picot: 25 cm.
- Guata.
- Tijera, hilo y alfileres.
- Máquina de coser.
- Plancha.
- Cordón: 175 cm.

1· Utilizando la moldería que te provee el libro medir y cortar:
- un bolsillo en algodón estampado.
- una pieza delantera en algodón estampado y plástico.
- una pieza trasera en algodón estampado y plástico.
- una pieza para el fuelle inferior en algodón estampado y plástico.
- una pieza para el fuelle lateral y superior en algodón estampado y plástico.
- dos piezas para las tiras de la espalda.
- cuatro piezas triangulares para las tiras de la espalda.

2· Comenzaremos preparando el bolsillo. Sobre el lateral superior del bolsillo realizar un doblez de 1 cm hacia el lado del revés de la tela. Plegar nuevamente y coser a máquina a 2 cm del borde. Prender con alfileres y coser a máquina el ribete de pompones y la trencilla picot. Para finalizar el armado de la cara delantera sujetar con alfileres y coser a máquina el plástico y la tela uniendo los reveses. Colocar el bies relleno con cordón a todo el contorno.

3· Sujetar con alfileres y coser a máquina el bolsillo a la cara delantera de la mochila.

TIPS: LAVAR, SECAR Y PLANCHAR LA TELA ANTES DE COMENZAR.

QUE EL DIBUJO DEL ESTAMPADO NO SEA MUY GRANDE ASÍ SE PUEDE APRECIAR BIEN EN LA MOCHILA TERMINADA.

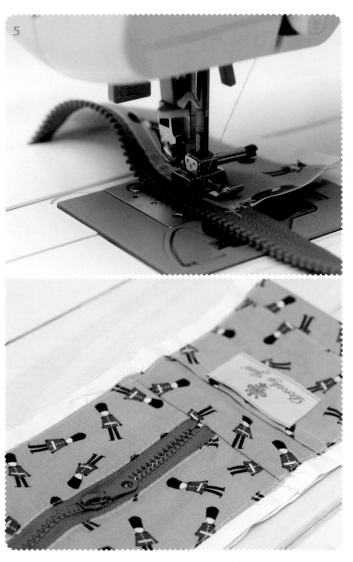

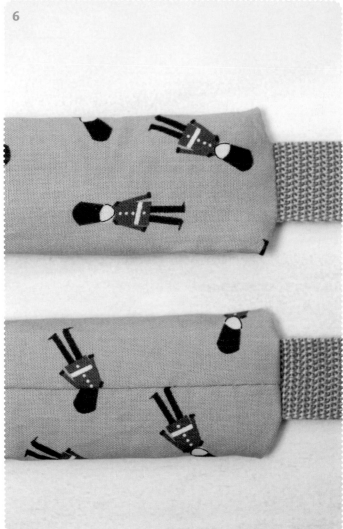

4· Unir el plástico y la tela para el armado de todo el fuelle de la mochila (laterales y parte inferior). Abrir la cremallera y sujetarla a uno de los laterales del fuelle. Coser con el pie de cremallera.

5· Realizar el mismo procedimiento con el otro lado de la cremallera. Cerrar la cremallera.

6· Armado de las tiras: Para que las tiras queden acolchadas utilizaremos guata de relleno. Cortar dos piezas del mismo tamaño que las tiras. Luego unir los frentes de las tiras de tela a la mitad y coserlos a 5 mm del borde. En uno de los extremos de cada tira introducir la cinta mochilera y realizar una costura a 1 cm del borde. Dar vuelta la tela del lado del derecho.

7· Armado de la cara trasera: Sujetar con alfileres y coser a máquina el algodón estampado al plástico blanco. Colocar la cinta bies a todo el contorno. Ubicar las manijas, las piezas triangulares, los pasacintas y la cinta mochilera. Coser a máquina con puntada recta mediana.

8· Sujetar con alfileres y coser a máquina las caras delantera y trasera al fuelle.

9· Dar vuelta la tela del lado del derecho.

De chupetes y baberos

Estos proyectos me brindan la posibilidad de utilizar hasta las piezas de tejido más pequeñas que guardo en mis cajones. Me enorgullece poder decir que en mi showroom todo se aprovecha y nada se desecha. Hasta la más mínima pieza de tela es atesorada en algún rincón para formar parte de algún proyecto futuro.

Porta chupetes

> NIVEL DE DIFICULTAD: 🔘

> TÉCNICAS REQUERIDAS:
  Costura a máquina.

> TAMAÑO: 30 x 3 cm.

Materiales necesarios:

- Algodón de estampado floral: 20 x 8 cm.
- Cinta de raso: 24 cm.
- Broche metálico.
- Máquina de coser.
- Plancha.
- Alfileres, hilo y tijera.

1• Medir y cortar la tela del doble del ancho que deseas, agregando 1 cm para el margen de costura (las muestras de la foto están hechas sobre rectángulos de 20 x 8 cm).

2• Doblar el margen de costura hacia adentro y planchar. Plegar nuevamente la tela a la mitad sujetando los bordes con varios alfileres. En un extremo de la pieza sujetar con alfileres la cinta de raso (como se ve en la foto).

3• Coser este extremo y el lateral a máquina a 5 mm del borde con una puntada recta mediana (dejando el otro extremo abierto).

4• Por último hilvanar la hebilla del broche con la tela y realizar un pliegue. Coser superponiendo la tela plegada sobre el resto de la tira.

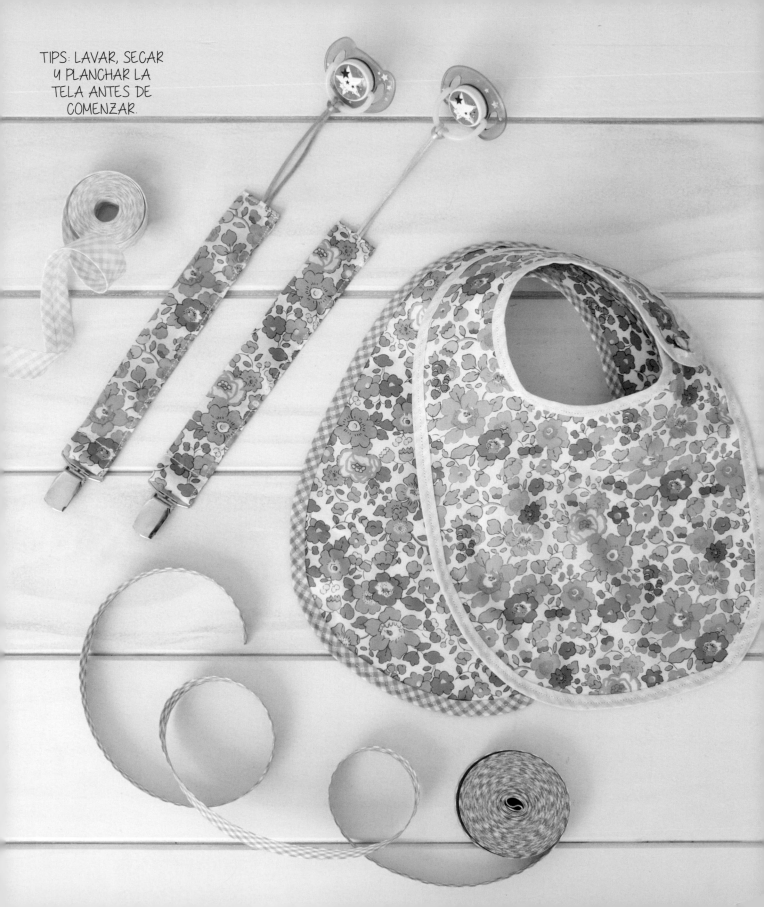

TIPS: LAVAR, SECAR Y PLANCHAR LA TELA ANTES DE COMENZAR.

Babero

> NIVEL DE DIFICULTAD: ⊞

> TÉCNICAS REQUERIDAS:
  Costura a máquina.

> TAMAÑO: 36 x 22 cm.

Materiales necesarios:

- Algodón de estampado floral: 36 x 22 cm.
- Cinta bies: 130 cm
- Plástico: 36 x 22 cm.
- Máquina de coser.
- Juego de botones a presión.
- Plancha.
- Alfileres, hilo y tijera.

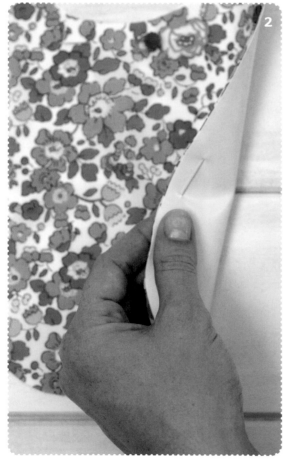

1· Con la mordería que te provee el libro realizar en papel un molde, cortarlo y comprobar que la medida del cuello este bien sobre el bebé (podes alargar las tiras si es necesario). Prender con alfileres el molde a las telas y cortar el delantero en la tela de algodón y el revés en el plástico.

2· Sujetar con varios alfileres las dos piezas a 1 cm del borde (¡Atención! Si agujereás el plástico después va a quedar la marca, por eso es mejor sujetar los alfileres a 1 cm del borde que quedará posteriormente oculto bajo el bies).

3

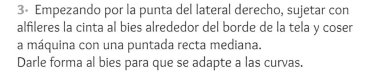

4

3. Empezando por la punta del lateral derecho, sujetar con alfileres la cinta al bies alrededor del borde de la tela y coser a máquina con una puntada recta mediana.
Darle forma al bies para que se adapte a las curvas.

4. Hacer lo mismo con todo el borde de la tela hasta encontrarte nuevamente con el principio del bies. Recortar el extremo del bies en un ángulo recto, dejando un solapado de 2 cm y realizar una costura de refuerzo. Marcar la altura de cierre en la tira y aplicar el botón a presión. La hembra irá ubicada en la parte de abajo de la tira superior y el macho irá aplicado sobre la punta de la cara de arriba del babero.

Bandana

Este modelo con toalla es ideal para los primeros meses de vida de un bebé, cuando transitan la etapa de dentición. Mantendrá la ropa de tu bebé seca e impedirá que se le irrite la piel del pecho.

> NIVEL DE DIFICULTAD: ⦿

> TÉCNICAS REQUERIDAS:
  Costura a máquina.
  Costura a mano.

> TAMAÑO: 40 x 30 cm.

Materiales necesarios:

- Algodón de estampado floral: 42 x 32 cm.
- Toalla: 42 x 32 cm.
- Juego de botones a presión.
- Máquina de coser.
- Aguja, alfileres, hilo y tijera.
- Plancha.

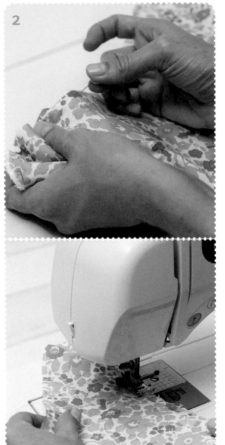

1• Utilizando la moldería que te provee el libro, realizá en papel un molde. Luego de cortarlo, lo mejor es comprobar sobre el bebé que el tamaño esté bien (si no podés modificar el molde agregando unos centímetros de más). Prender con alfileres el molde de papel a los tejidos y cortar el delantero en la tela de algodón estampada y el revés del babero en la toalla.

2• Prender con alfileres las dos piezas, con el derecho de las telas enfrentadas. Coser a máquina con puntada recta a 1 cm del borde todo el contorno menos una abertura de 10 cm en el centro del escote (para dar vuelta luego la prenda del lado del derecho).

3• Dar vuelta el babero del lado del derecho y planchar haciendo un doblez en la abertura. Cerrar la abertura con punto invisible. Realizar a máquina una costura zigzag en cada uno de los extremos.

4• Marcar la posición de cierre en cada extremo y aplicar los botones a presión (yo apliqué un macho y dos hembras para tener dos opciones de cierre).

TIPS: LAVAR, SECAR Y PLANCHAR LA TELA ANTES DE COMENZAR.

Pack & Play

Este proyecto es ideal para mantener el playroom en orden. El truco es elegir bien los géneros. Mi elección fue: rayas y aviones (ver al comienzo del libro: *Cómo elegir estampados y colores*)

> NIVEL DE DIFICULTAD:

> TÉCNICAS REQUERIDAS:
  Costura a máquina.

> TAMAÑO: 50 x 50 cm.

Materiales necesarios:

- Algodón de estampado rayado: 90 x 100 cm.
- Algodón de estampado con aviones: 60 x 100 cm.
- Cordón: 140 cm.
- Máquina de coser.
- Broche a presión.
- Plancha.
- Alfileres, hilo y tijera.

La muestra realizada que ves en las fotos mide 50 x 50 cm pero se puede hacer en cualquier medida modificando los moldes.

1. Con los útiles de medición y el lápiz de modista, realizar un molde en papel teniendo en cuenta que lleva 1 cm de margen de costura en cada lado.

2. Para hacer la bolsa: medir y cortar dos rectángulos de 50 x 50 cm de tela estampada con aviones y otros dos de la misma medida de tela rayada. Sujetar con alfileres y coser a máquina con puntada recta a 1 cm del borde.

TIPS: LAVAR, SECAR Y PLANCHAR LA TELA ANTES DE COMENZAR.

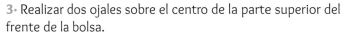

3· Realizar dos ojales sobre el centro de la parte superior del frente de la bolsa.

4· Para el doblez superior rayado: cortar dos piezas de tela rayada de 40 x 50 cm, coser en los laterales, superponerla a la bolsa y centrar. Con alfileres sujetar las piezas de tal manera que quede derecho contra derecho. Coser a máquina con puntada recta

5· Realizar un lazo de 12 cm con la tela rayada. Para esto deberías cortar la tela del doble del ancho que deseas (más 3 cm para el margen de costura). Luego doblar el margen de costura hacia adentro, plegar nuevamente la tela a la mitad y sujetarlo con alfileres. Hilvanar, planchar y coser a máquina.

6· Una vez finalizado el paso anterior sujetar la tira con alfileres al interior de la parte trasera de la bolsa y realizar una costura con refuerzo.

7· Hacer un pliegue de 1 cm en la pieza rayada y prender con alfileres el doblez a la bolsa, derecho contra derecho. Coser a máquina con una puntada recta y mediana a 5 mm del borde. Marcar una línea horizontal paralela y coser a máquina para obtener un surco por donde pasará el cordón. Insertar un alfiler de gancho en una de las puntas del cordón y pasarlo por un ojal hasta salir por el otro ojal. Enhebrar el broche a presión y hacer un nudo que quedará oculto dentro de la bolsa.

¡A jugar!

En este proyecto tendremos que hacer uso de la geometría ya que el diseño así lo requiere. Es el regalo perfecto para niños pequeños y no tanto... (mi hijo de 7 años aún hace picar la pelota entre paredes, techos y pisos de toda la casa).

Pelota

> NIVEL DE DIFICULTAD: ⊞ ⊞

> TÉCNICAS REQUERIDAS:
  Costura a máquina.
  Costura a mano.

> TAMAÑO: 45 cm de circunferencia

Materiales necesarios:

• Doce retazos de distintos estampados de tela de algodón de 12 cm.
• Sonajero.
• Vellón siliconado.
• Máquina de coser.
• Aguja, alfileres, hilo y tijera.
• Plancha.

1· Usando el molde que te provee el libro cortar doce piezas iguales en distintos estampados (teniendo en cuenta 1 cm de margen de costura en cada borde de los pentágonos). A 1 cm del borde hacer un pliegue en los cinco laterales de cada pieza y planchar.

2· Tomar uno de los pentágonos y coser alrededor de sus bordes cinco pentágonos más enfrentando los derechos de las telas.

3· Repetir el mismo procedimiento con los seis pentágonos restantes.

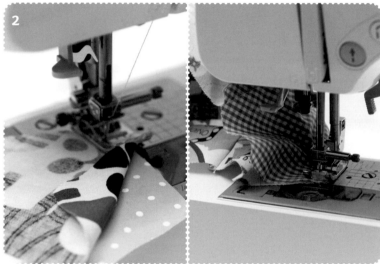

TIPS: LAVAR, SECAR Y PLANCHAR LA TELA ANTES DE COMENZAR.

4. Luego unificar las dos partes para obtener la pelota (dejando dos bordes abiertos para poder dar vuelta la pelota del lado del derecho).

5. Dar vuelta la pelota del lado del derecho y rellenar con vellón siliconado hasta que quede uniforme y lo más simétrica posible.

6. Introducir un sonajero por la abertura y cerrarla realizando una puntada invisible con costura a mano.

Cubo

> NIVEL DE DIFICULTAD:

> TÉCNICAS REQUERIDAS:
Costura a máquina.
Costura a mano.

> TAMAÑO: 10 x 10 x 10 cm.

Materiales necesarios:

- Algodón de distintos estampados: 6 retazos de 12 cm.
- Variedad de bieses en distintos colores (6 cm c/u).
- Variedad de ribetes con pompones en distintos colores (12 cm c/u).
- Sonajero.
- Vellón siliconado.
- Máquina de coser.
- Aguja, alfileres, hilo y tijera.
- Plancha.

1. Elegir seis estampados que combinen entre sí. Con la ayuda de una regla y un lápiz de modista medir y cortar seis cuadrados de 12 cm x 12 cm.

2. Sujetar con alfileres un ribete de pompones de 12 cm al borde de uno de los cuadrados de 12 x 12 cm. (del lado del derecho). Luego realizar una costura a máquina con puntada recta mediana. Seleccionar un segundo cuadrado y sujetarlo con alfileres al primero, superponiendo los bordes.

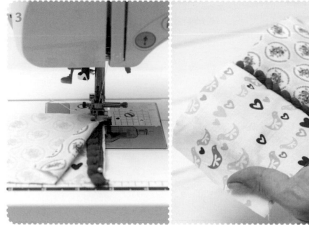

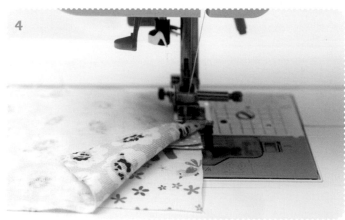

185

3• Coser a máquina con puntada recta mediana sobre el contorno, enfrentando los derechos de las telas. De tal manera que quede el ribete de pompones entre medio de los dos frentes de las telas estampadas.

4• Realizar el mismo procedimiento con los cuadrados restantes, agregando en cada costura un bies o ribete de pompones. Combinarlos a gusto personal.

5• Dejar en uno de los lados una abertura para dar vuelta la tela del lado del derecho y poder rellenar el cubo con vellón siliconado y un sonajero.

6• Cerrar la abertura realizando una puntada invisible con costura a mano.

¡A bañarse!

¿Hay algo más tierno que un bebé envuelto en una toalla recién bañado? Son esos paquetitos morfables que te recargan las energías, en esa hora del día en que ya no nos quedan pilas para nada. Con esta toalla que te propongo, los más peques de la casa se verán ¡más adorables que nunca!

> NIVEL DE DIFICULTAD: ⚫

> TÉCNICAS REQUERIDAS:
  Costura a máquina.

> TAMAÑO: 80 x 80 cm.

Materiales necesarios:

- Algodón de estampado floral: 60 x 26 cm.
- Toalla: 80 x 110 cm.
- Bies: 380 cm.
- Máquina de coser.
- Alfileres, hilo y tijera.
- Plancha.

1. Con la ayuda de una regla, medir y cortar en la toalla un cuadrado de 80 x 80 cm (cuerpo) y un rectángulo de 60 x 26 cm (para el cara interna de la capucha). También cortar un rectángulo de 60 x 26 cm sobre la tela de algodón estampada (cara externa de la capucha). Redondear las cuatro puntas del cuerpo.

2. Armado de la capucha: Primero plegar al medio la cara interna de la capucha superponiendo los bordes. Sujetar con alfileres y coser a máquina con puntada recta mediana (derecho contra derecho). Realizar el mismo procedimiento con la cara externa de la capucha.

3. Superponer la cara externa de la capucha a uno de los bordes del cuerpo de la toalla (del lado del derecho). Luego repetir lo mismo, del otro lado del cuerpo, con la cara interna de la capucha (enfrentando los derechos de las telas). Una vez finalizado el paso anterior, juntar las dos caras de la capucha superponiendo los bordes y sujetar con alfileres. Luego realizar una costura a máquina con puntada recta mediana.

4. Para finalizar: Empezando por uno de los laterales, sujetar con alfileres la cinta al bies alrededor del borde de la toalla y coser a máquina con una puntada recta mediana.

5. Darle forma al bies para que se adapte a las curvas. Hacer lo mismo con todo el borde de la toalla hasta encontrarte nuevamente con el principio del bies. Recortar el extremo del bies en un ángulo recto, dejando un solapado de 2 cm y realizar una costura de refuerzo.

TIPS: LAVAR, SECAR
Y PLANCHAR LA
TELA ANTES DE
COMENZAR.

Acolchado

Si sos de las que le tienen miedo a la palabra "quilt" este proyecto es para vos. Este acolchado está hecho con cuadrados de la misma medida y es muy fácil encastrarlos. Podés combinar todos los estampados que quieras y distribuirlos a tu antojo. ¡Espero que te diviertas!

> NIVEL DE DIFICULTAD: ⊕

> TÉCNICAS REQUERIDAS:
  Costura a máquina.

> TAMAÑO: 160 x 100 cm.

Materiales necesarios:

- Algodón de distintos estampados: 40 piezas de 22 x 22 cm.
- Algodón rayado: 180 x 120 cm.
- Guata: 160 cm.
- Máquina de coser.
- Plancha.
- Alfileres, hilo y tijera.

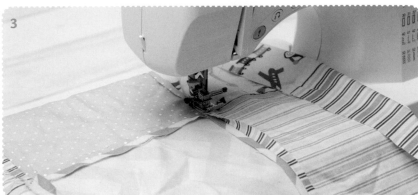

1. Para hacer la parte de arriba del acolchado necesitarás medir y cortar 40 piezas de 22 x 22 cm en distintos algodones estampados (como mínimo deben ser cinco estampados distintos para que el patch quede lindo). Para poder ver bien la distribución de los estampados lo mejor es exponerlos sobre la mesa de trabajo y orientarlos como más te guste hasta que estés satisfecha con el resultado (para lograr el largo de 160 cm necesitarás ocho líneas de cuadrados y para lograr el ancho de 100 cm necesitarás cinco líneas de cuadrados). Con los derechos de la tela enfrentados, sujetar con alfileres y coser con un margen de 1 cm.

2. Una vez finalizado el paso anterior planchar del lado del revés abriendo las costuras.

3. Realizar una costura de refuerzo en la unión de los cuadrados.

4. Medir y cortar un rectángulo de 160 x 100 cm de guata y otro de 180 x 120 cm de tela rayada de algodón.

5. Superponer la guata y la parte superior del acolchado sobre la tela rayada de algodón y centrar.

TIPS: LAVAR, SECAR Y PLANCHAR LA TELA ANTES DE COMENZAR.

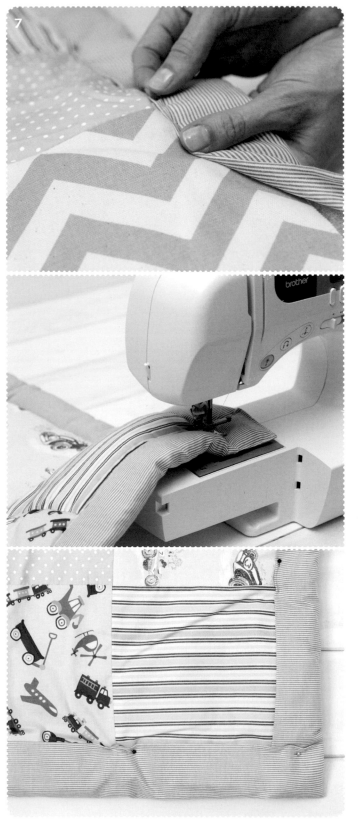

6. Con alfileres sujetar el patch terminado a la guata y a la parte inferior del acolchado de tal manera que queden 15 cm de algodón rayadado para realizar el doblez y obtener un borde de 5 cm de ancho.

7. A 5 cm del borde hacer un pliegue en los cuatro laterales de la tela rayada y planchar. Luego realizar otro pliegue a 5 cm superponiendo sobre el patch y sujetarlo con alfileres. Finalmente coser a máquina con puntada recta.

8. Pespuntear siguiendo la cuadrilla que quedó por el patch de la parte superior (de esta manera sujetamos las telas superior e inferior al relleno de guata).

La bata

Otra opción para después de bañarse ¡y con mucho estilo!
También es ideal para usar luego de sus primeros chapuzones en una pileta. Verlos caminar envueltos en sus mini batas hechas por una misma ¡es lo más tierno!

> NIVEL DE DIFICULTAD:

> TÉCNICAS REQUERIDAS:
  Costura a máquina.

> TAMAÑO: 160 x 100 cm.

Materiales necesarios:

- Algodón de estampado floral: 65 x 65 cm.
- Toalla: 90 x 100 cm.
- Máquina de coser.
- Alfileres, hilo y tijera.
- Plancha.

1· Siguiendo las instrucciones aprendidas al comienzo del libro y utilizando la moldería provista al final del mismo, cortá en toalla una pieza de la espalda, dos delanteros, dos brazos y la capucha. En el algodón estampado medir y cortar tres bolsillos, dos tiras de flores de 56 x 10 cm (para bordes delanteros), una tira de 54 x 10 cm (para el borde de la capucha) y dos tiras de 32 x 8 cm (para las mangas).

2· Unir las piezas delanteras a la pieza de la espalda por los hombros con costura a máquina. Unir mangas y capucha.

3· Sujetar con alfileres, hilvanar y coser a máquina las dos tiras de tela de flores a cada manga del lado interno. Realizar un pliegue hacia el otro lado y una costura a máquina con puntada recta.

TIPS: LAVAR, SECAR
Y PLANCHAR LA
TELA ANTES DE
COMENZAR.

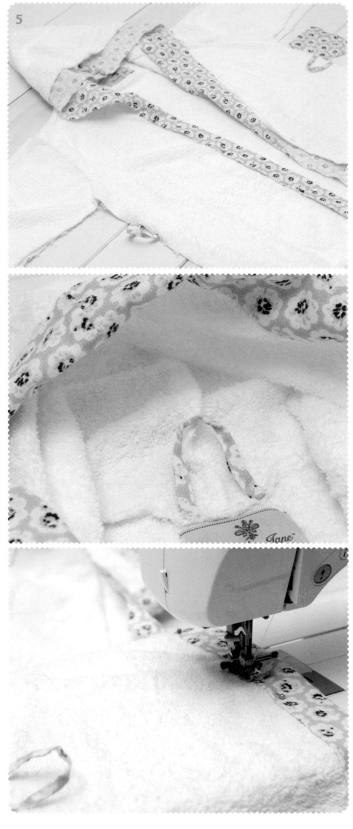

4· Realizar tres ribetes de 15 cm de largo en el algodón de estampado floral (dos para pasar el lazo de la cintura y otro para colgar que ira ubicado en la cara interna de la capucha. Coserlos con un margen de 5 mm de costura.

5· Unir las tiras largas de flores a todo el borde de la capucha y a los dos laterales de las piezas delanteras del cuerpo.

6· Sujetar con alfileres, hilvanar y coser a máquina los tres bolsillos a las piezas delanteras del cuerpo.

7· Unir con costura a máquina y puntada recta mediana los laterales y mangas.

8· Realizar un lazo de 5 cm de ancho y 105 cm de largo de la misma toalla. Coser con puntada de refuerzo en el centro de la pieza trasera.

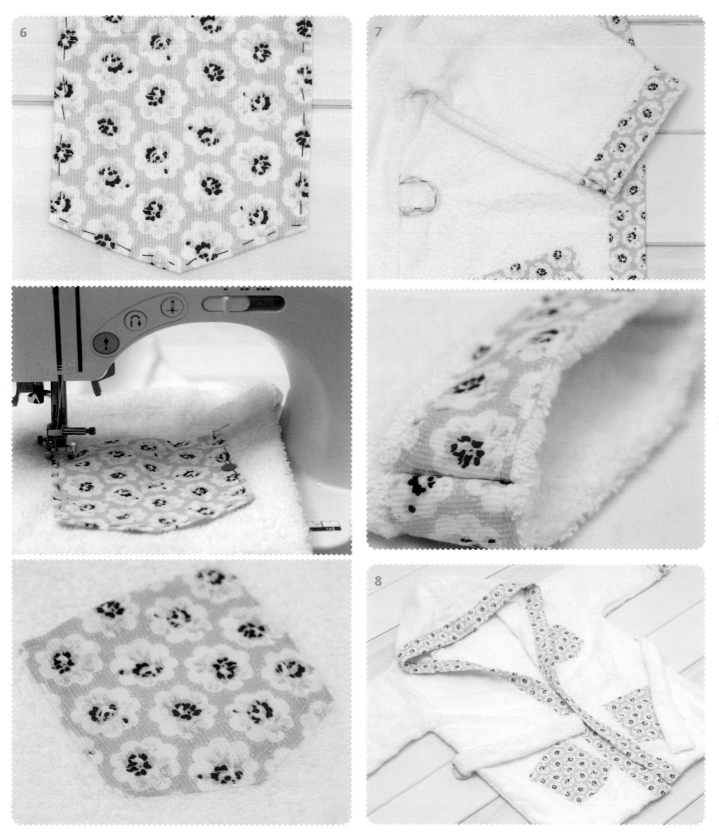

Moldería

BABERO CON PLÁSTICO

Escala 1:25
x 2 -algodón
-plástico

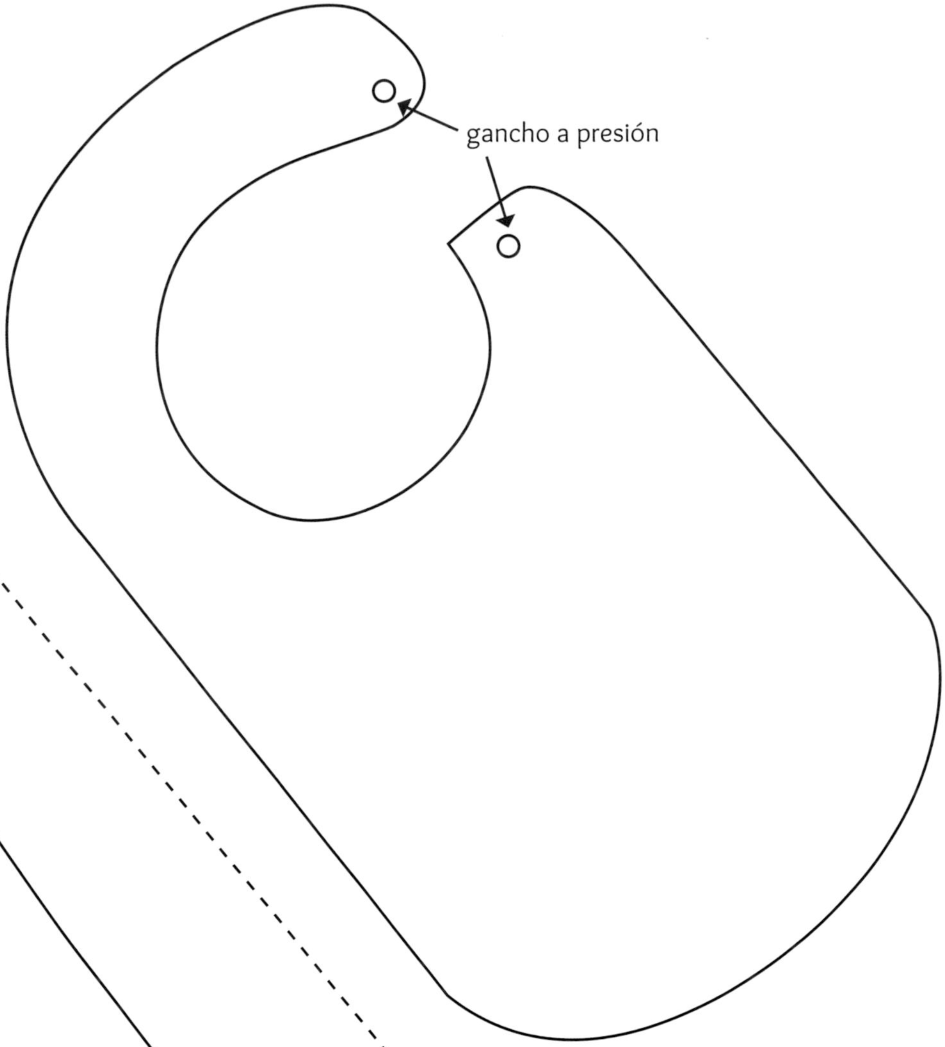

gancho a presión

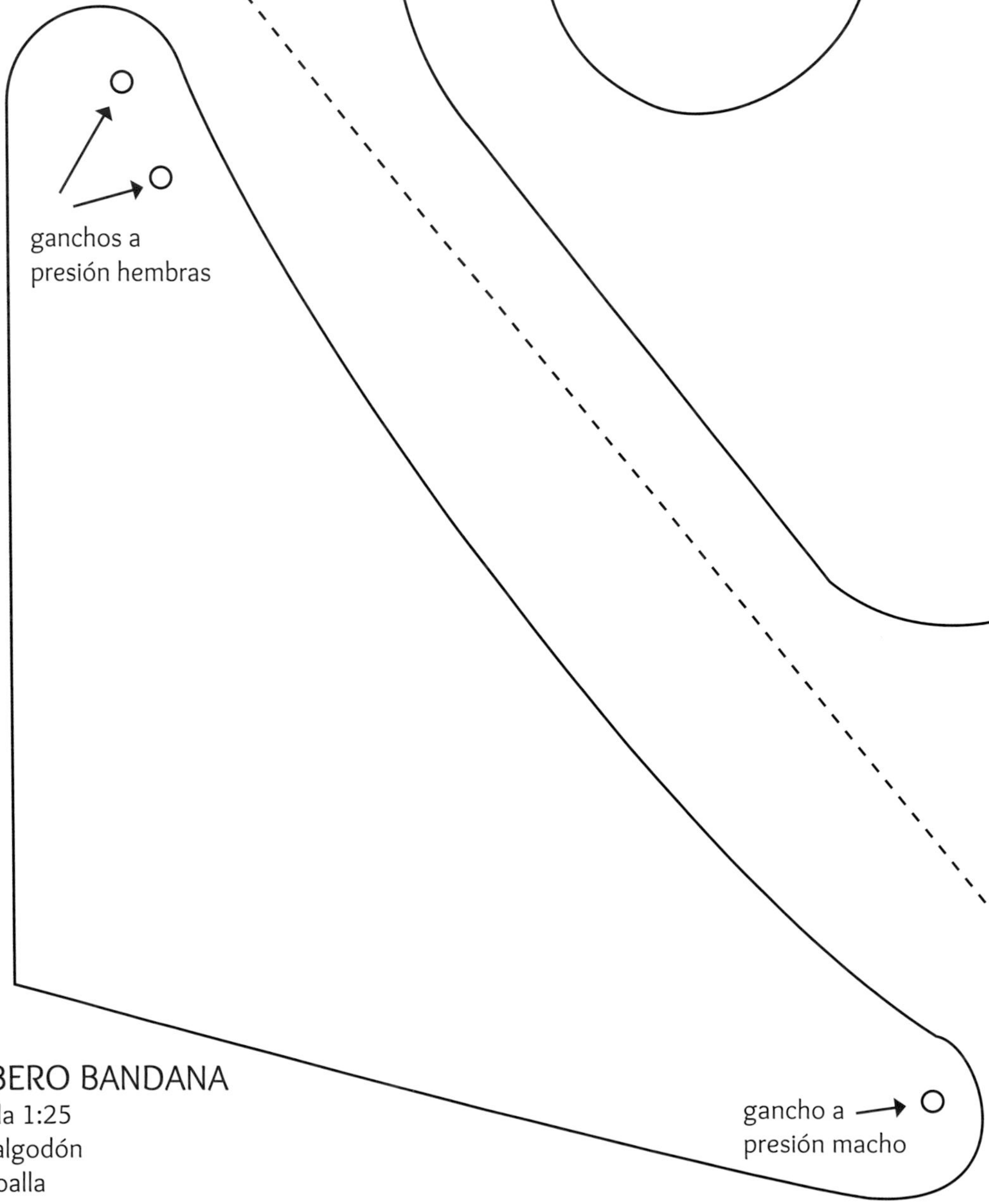

BABERO BANDANA

Escala 1:25
x 2 -algodón
-toalla

ganchos a
presión hembras

gancho a
presión macho

DELANTAL

vista cuello x 1   26 cm x 6 cm escala 1:75

vista cintura x 1   50 cm x 7 cm escala 1:75

volado x 1   240 cm x 8 cm (sin escala)

tiras cintura x 2   60 cm x 15 cm   escala 1:75

unión con cuello

unión con cintura

cuerpo x 1
escala 1:50

bolsillo x 1
21 cm x 30 cm
escala 1:50

PERRO

oreja x 4
escala 1:50

cola x 2
escala 1:50

unión
con oreja

unión con oreja

cabeza x 2
escala 1:50

fuelle
cabeza x 1
escala 1:50

unión con cabeza

espejar

cuerpo x 1
escala 1:50

solapa para cierre

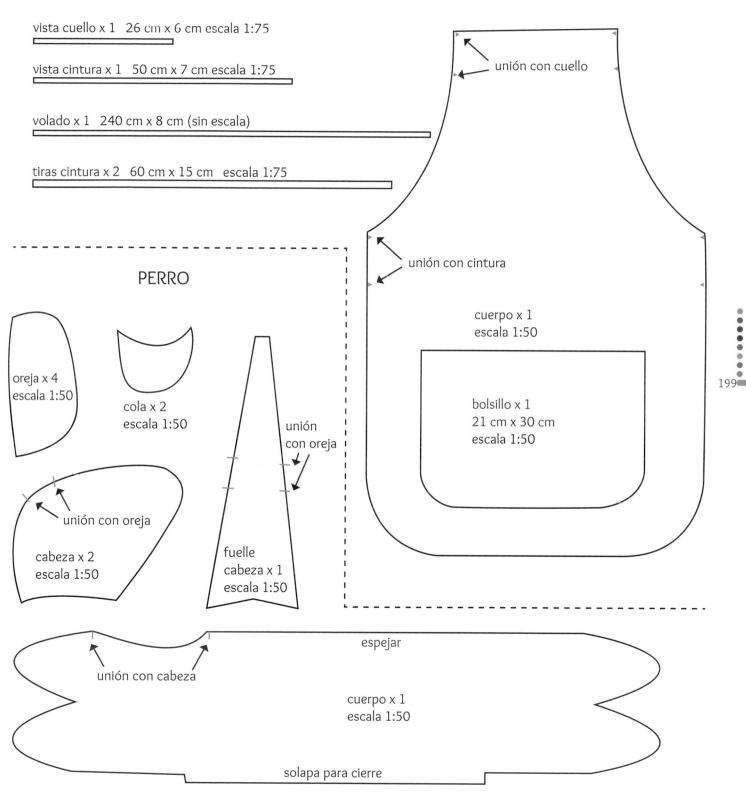

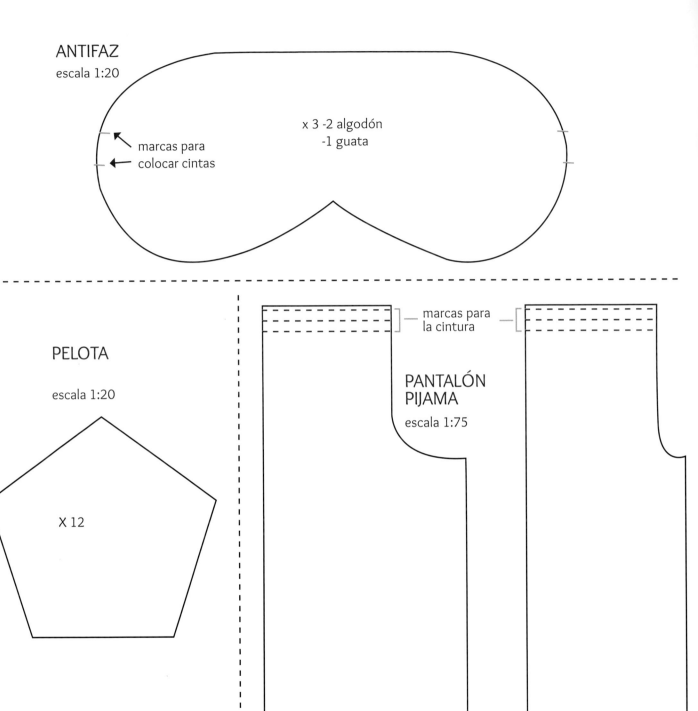

ANTIFAZ

escala 1:20

marcas para
colocar cintas

x 3 -2 algodón
-1 guata

PELOTA

escala 1:20

X 12

marcas para
la cintura

PANTALÓN
PIJAMA

escala 1:75

trasero x 2

delantero x 2

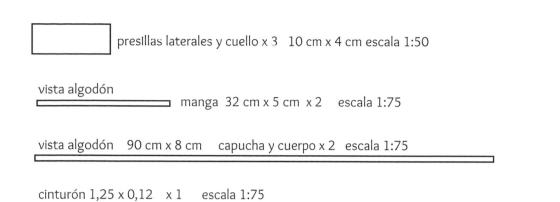

presillas laterales y cuello x 3   10 cm x 4 cm escala 1:50

SALIDA
DE BAÑO

vista algodón

manga 32 cm x 5 cm x 2   escala 1:75

vista algodón   90 cm x 8 cm   capucha y cuerpo x 2   escala 1:75

cinturón 1,25 x 0,12   x 1   escala 1:75

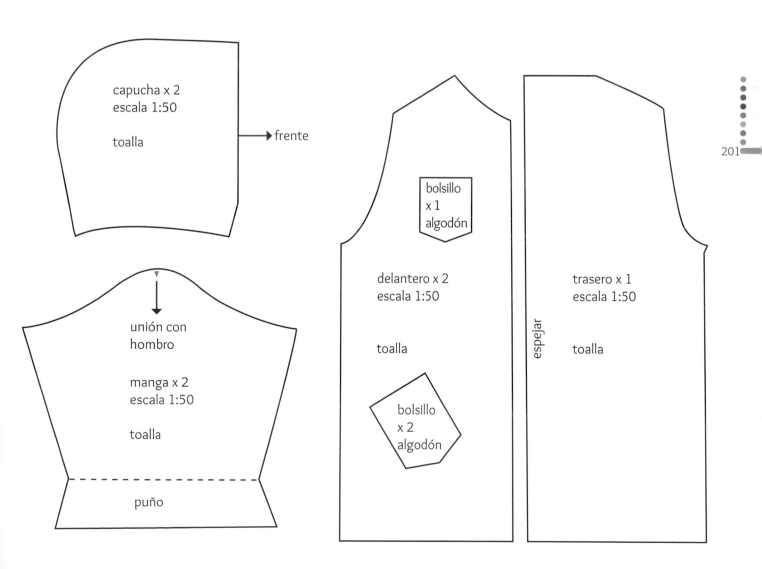

capucha x 2
escala 1:50

toalla

→ frente

bolsillo
x 1
algodón

delantero x 2
escala 1:50

toalla

trasero x 1
escala 1:50

espejar

toalla

unión con
hombro

manga x 2
escala 1:50

toalla

puño

bolsillo
x 2
algodón

GALLINA

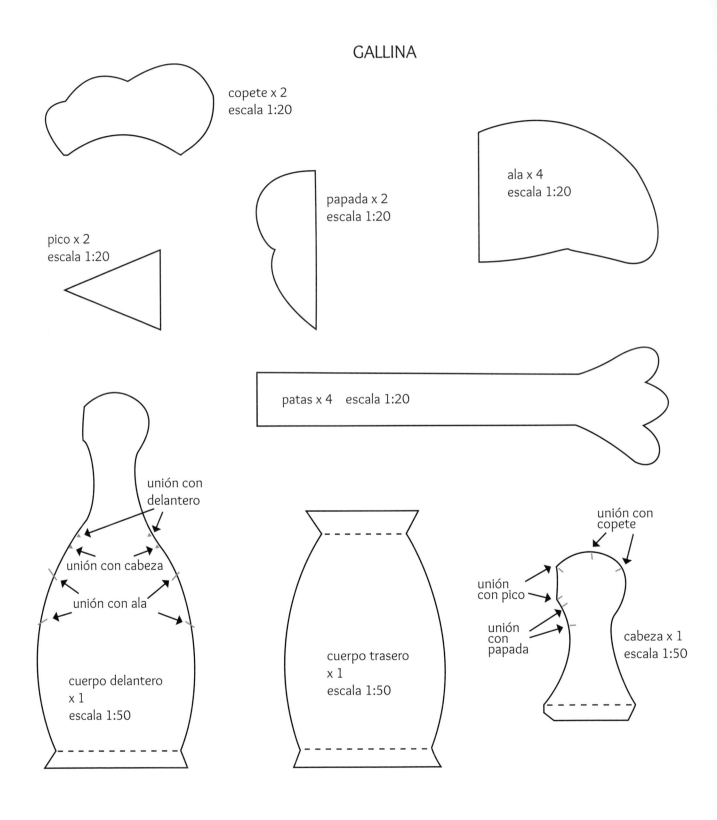

copete x 2
escala 1:20

papada x 2
escala 1:20

ala x 4
escala 1:20

pico x 2
escala 1:20

patas x 4   escala 1:20

unión con
delantero

unión con cabeza

unión con ala

cuerpo delantero
x 1
escala 1:50

cuerpo trasero
x 1
escala 1:50

unión con
copete

unión
con pico

unión
con
papada

cabeza x 1
escala 1:50

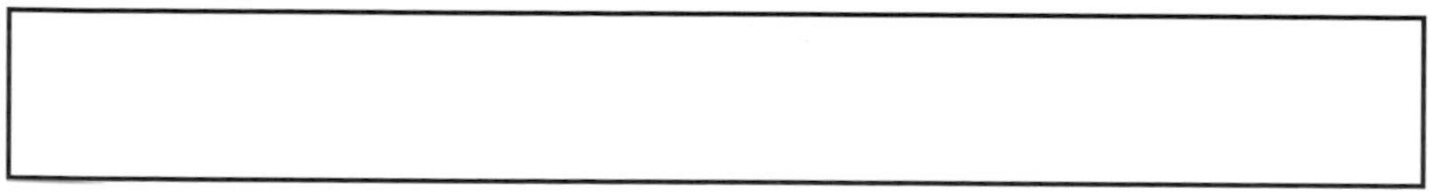

fuelle 1,30 x 14 cm
escala 1:25

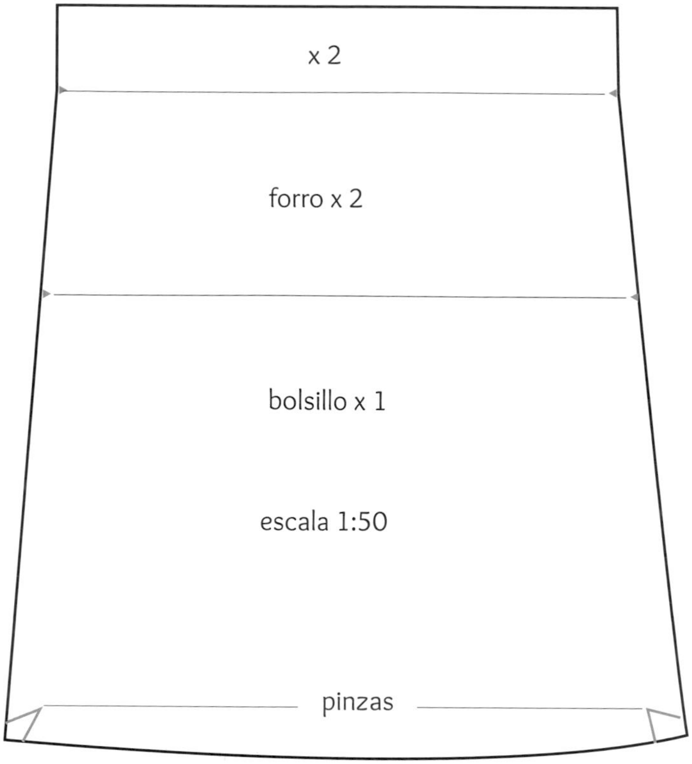

BOLSO
ABOTONADO

x 2

forro x 2

bolsillo x 1

escala 1:50

pinzas

MOCHILA

marcas para las
tiras (trasero)

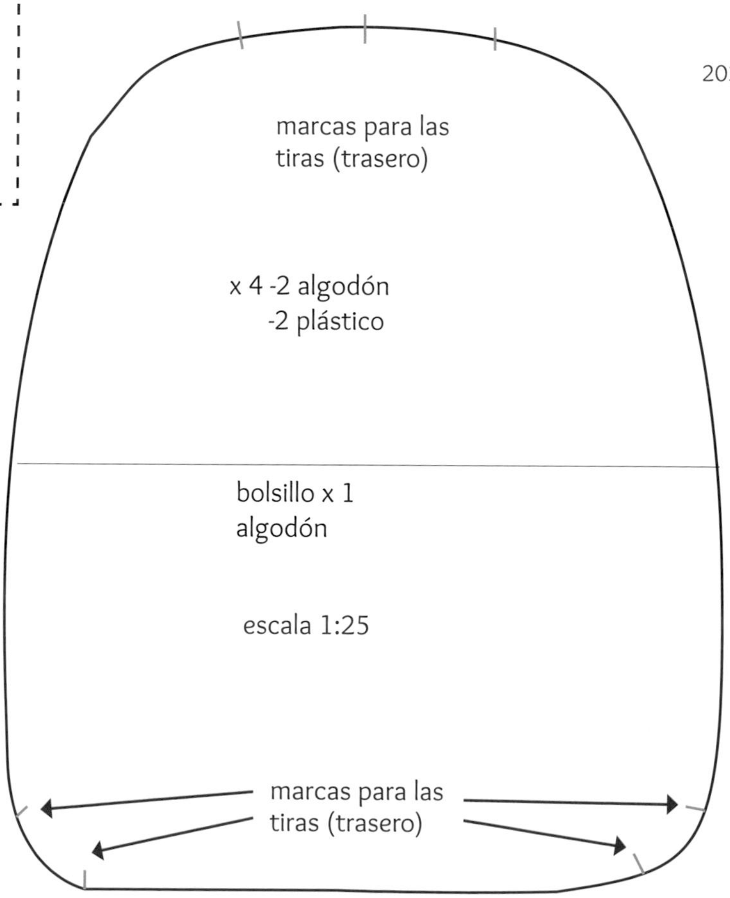

tira trasera
inferior x 2
16 cm x 8 cm
escala 1:50

tira trasera
superior x 2
16 cm x 11 cm
escala 1:75

x 4 -2 algodón
-2 plástico

fuelle cierre x 2
38 cm x 6 cm   escala 1:75

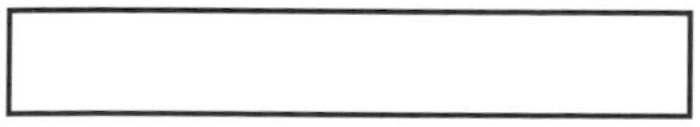

bolsillo fuelle x 1
12 cm x 10 cm
escala 1:75

bolsillo x 1
algodón

escala 1:25

fuelle inferior x 1
60 cm x 12 cm   escala 1:75

marcas para las
tiras (trasero)